BALISES

Rousseau

- **des repères pour situer l'auteur et ses écrits**

- **une analyse des grandes œuvres sous forme de résumés ou de descriptifs et de commentaires**

- **des groupements thématiques, des sujets de travaux, une bibliographie**

Françoise Lavocat
Agrégée de Lettres modernes
Ancienne élève de l'ENS

Portrait de Jean-Jacques Rousseau par La Tour.

Introduction

Un roman de six cents pages, *La Nouvelle Héloïse*, florilège de dissertations sorties de la plume éloquente de belles âmes ; des traités de morale et de politique dont les notions clés de « vertu », « d'artifice », « d'état de nature », « d'Être suprême » ont disparu depuis longtemps de notre vocabulaire : la lecture de Rousseau, pour le lecteur moderne, est malaisée et déconcertante. Les évidences humanitaires qui nourrissent l'indignation de Voltaire rejoignent davantage la sensibilité politique actuelle que la théorie du faux et du vrai *Contrat social*. Les conversations de Jacques et son maître ont certainement davantage intéressé les romanciers du Nouveau Roman que les pleurs de Julie.

Pourtant, la génération présente, qualifiée de « morale », peut ne pas se sentir étrangère à une pensée qui n'a cessé d'affirmer le caractère indissociable de l'éthique et de la politique. L'optimisme rationaliste des Lumières, qui salua avec une confiance illimitée l'aube du capitalisme et de la révolution industrielle est peut-être désormais plus anachronique que la mise en garde de Rousseau : sans jamais prôner un chimérique retour à l'état de nature, toute son œuvre accuse le progrès technique de l'aggravation de la misère et de l'exploitation. À l'heure où l'on semble désespérer de freiner jamais l'accroissement des disparités entre riches et pauvres, l'interrogation de Rousseau apparaît pour le moins digne d'attention.

Voix discordante en son temps, elle suscita une opposition passionnée et presque unanime. Aujourd'hui, la réflexion d'un auteur, qui affirmait dans l'*Émile* préférer « être un homme à paradoxes qu'un homme à préjugés », continue à nous déranger, même quand elle ne nous convainc pas.

Accusée de tous les maux, créditée de toutes les influences (la Révolution française, le romantisme, l'écologie, le totalitarisme...), la pensée de Rousseau peut encore nous aider, non pas à cautionner quelque violence historique que ce soit, mais à penser la liberté : liberté de l'enfant, de l'individu ou du citoyen. Rousseau fut en effet sur ce point précis et intransigeant : « Renoncer à sa liberté c'est renoncer à sa qualité d'homme, aux droits de l'humanité, même à ses devoirs. »

3

Jean-Jacques Rousseau jeune.
Tableau XVIIIe.

La vie de Jean-Jacques Rousseau

UNE JEUNESSE VAGABONDE
(1712-1741)

Genève

Celui qui signera ses œuvres «le citoyen de Genève» voit le jour dans la petite république de Genève en 1712. Il est issu d'une famille d'artisans. Ces origines modestes ne lui interdisent pourtant pas l'accès à la culture ; la bibliothèque de sa mère, fille de pasteur, morte à sa naissance, est bien fournie. Son père, assez cultivé, comme bon nombre d'artisans de son temps (Mme Roland, femme du ministre révolutionnaire Roland de la Platière et égérie du parti Girondin, n'est-elle pas la fille d'un artisan graveur ?), guide ses premières lectures.

Mais à la suite d'une querelle, le père de Jean-Jacques est contraint de quitter Genève ; l'enfant est mis en pension chez les Lambercier, dans les environs de Genève, puis chez son oncle. Enfin, il entre en apprentissage chez un artisan graveur. L'adolescent vit mal ce qu'il considère comme une déchéance ; aussi, c'est sans regret, à l'âge de seize ans, qu'il s'enfuit de sa ville natale.

Mme de Warens

Sous l'impulsion d'un curé et d'une belle dévote, Mme de Warens, elle-même protestante convertie au catholicisme, il a recours à l'expédient qui séduit alors bon nombre de protestants résolus, pour une région ou une autre, à quitter leur pays. Il abjure la religion réformée à Turin, capitale du royaume de Piémont-Sardaigne, ce qui lui assure un petit pécule et surtout la protection de Mme de Warens. Il la rejoint en effet et s'installe chez elle, après avoir servi quelque temps comme laquais dans deux maisons nobles de Turin. Pendant douze ans, Mme de Warens, avec laquelle il noue bientôt des relations intimes, reste le centre de gravité de sa vie; pendant une absence de sa protectrice, il entreprend de longs voyages à pied, mène une existence précaire, exerce de petits métiers, en particulier celui de maître de musique. À la campagne, dans le domaine des Charmettes où il passe en compagnie de Mme de Warens quelques étés idylliques, il étudie en autodidacte, et de façon éclectique, les mathématiques aussi bien que le latin et la composition musicale. Enfin, Mme de Warens, peut-être déçue de constater que toutes ses tentatives pour procurer à Jean-Jacques un emploi ont échoué les unes après les autres, lui préfère bientôt un autre protégé. Rousseau, tombé en disgrâce, préfère s'éloigner.

LES ANNÉES FÉCONDES
(1742-1762)

Le temps des illusions
Rousseau, âgé de trente ans, et muni d'un projet de notation musicale, part à la conquête de Paris. Mais le succès sera lent à venir. Il obtient un poste de secrétaire d'ambassade à Venise, dont il démissionne rapidement. Il doit se contenter d'être le secrétaire des Dupin, riche famille de fermiers-généraux. Les ambitions littéraires de ses protecteurs le contraignent à un travail de compilation aussi obscur que fastidieux. Il se lie avec une humble lingère, Thérèse Levasseur; elle lui donne un premier enfant qu'il fait déposer aux Enfants-Trouvés, comme les quatre autres qui suivront. Il rencontre alors Diderot, Grimm, le baron d'Holbach, Mme d'Épinay, et collabore (en rédigeant des articles sur la musique, ainsi que l'article «Économie politique») à l'*Encyclopédie*.

La retraite
La rédaction du *Discours sur les Sciences et les Arts* bouleverse la vie de Rousseau. Ce discours, qui surprend l'opinion publique par le caractère paradoxal des thèses qui y sont exposées autant que par l'utilisation brillante de toutes les ressources de la rhétorique, met son auteur à la mode. Le succès est d'autant plus éclatant que la parution du premier *Discours* précède de peu la représentation triomphale d'un opéra, *Le Devin du village*.

Mais Rousseau, qui vient de procéder à sa «réforme», affecte de mépriser le succès tant attendu. Son attitude choque ses amis encyclo-

pédistes déjà heurtés par l'anathème lancé contre le progrès et la civilisation dans le *Discours sur les Sciences et les Arts*, et contre la propriété
dans le *Discours sur l'origine de l'inégalité*, qui paraît trois ans après.
Rousseau refuse de recevoir une pension, décide d'assurer sa subsistance en copiant des partitions de musique à tant la page, se dérobe aux
mondanités, et quitte Paris pour la campagne. Il s'installe avec Thérèse à
l'Ermitage, petit domaine situé dans la forêt de Montmorency, que Mme
d'Épinay a mis à sa disposition. Mais l'engouement de la fermière-géné-
rale pour «le citoyen» est de courte durée. Les dissensions sont aggra-
vées par la parution de la *Lettre à d'Alembert sur les spectacles* (dans
laquelle Rousseau réfute un article de d'Alembert paru en 1757 dans le
tome VII de l'*Encyclopédie*), et par l'amour de Rousseau pour Mme
d'Houdetot, belle-sœur de Mme d'Épinay. Cette passion coïncide avec la
composition par Rousseau de son unique roman, *La Nouvelle Héloïse*,
qui connaît dès sa parution un succès foudroyant. Celui-ci n'adoucit pas
l'amertume de Rousseau, navré par sa rupture avec ses anciens amis,
qu'il voit se liguer contre lui. Il quitte l'Ermitage et accepte avec réticence
l'hospitalité et l'amitié du maréchal et de la maréchale de Luxembourg.
Nouveau paradoxe pour le philosophe républicain, qui se voit adulé par
les plus grands noms du royaume!

Rousseau, qui a par ailleurs décidé de renoncer à écrire, achève rapidement *Du contrat social* et l'*Émile*. La composition de l'ensemble de
son œuvre, à l'exception des écrits autobiographiques, ne lui aura pas
pris plus de dix ans.

L'EXIL ET L'APAISEMENT
(1762-1778)

Le déchaînement des persécutions

La publication de l'*Émile* déchaîne une tempête à laquelle Rousseau,
trompé par l'optimisme de ses puissants amis, parmi lesquels le direc-
teur de la librairie royale (c'est-à-dire le responsable de la censure), M. de
Malesherbes, ne s'attend pas. L'ouvrage, ainsi que le *Contrat social*, est
successivement condamné à Paris et à Genève. Le 9 juin 1761, Rousseau est décrété de prise de corps, c'est-à-dire qu'un mandat d'arrêt est
promulgué contre lui. Il s'enfuit précipitamment de Montmorency, et se
réfugie à Yverdon, qui relève des autorités de Berne, puis à Môtiers, sur

le territoire de Neuchâtel, qui dépend du royaume de Prusse. Frédéric II voit l'installation de Rousseau d'un œil favorable. Mais la population, ameutée par le clergé, lui est tellement hostile que Rousseau doit à nouveau changer d'asile, après que sa maison, le 6 septembre 1765, a été lapidée. Il s'installe alors pour quelques semaines dans l'île de Saint-Pierre, sur le lac de Bienne, mais en est de nouveau délogé par un décret du petit Conseil de Berne.

Le refuge dans l'autobiographie

Rousseau d'abord tenté de se réfugier à Berlin à la cour de Frédéric II, se rend en Angleterre, où il est l'hôte du philosophe Hume, avec lequel il ne tarde pas à se brouiller. Il rédige à Wootton, en Angleterre, les premiers livres des *Confessions*. De retour en France, il effectue des séjours chez le marquis de Mirabeau, chez le prince de Conti à Trye, sous un pseudonyme, et s'installe enfin à Paris où il s'adonne à sa passion pour la botanique et vit des maigres ressources que lui procure la copie des partitions de musique. Obsédé par l'idée d'un complot universel dont il serait la victime, il écrit pour se justifier les *Dialogues, ou Rousseau juge de Jean-Jacques*, et effectue des lectures publiques des *Confessions*, qu'il a achevées à la fin de l'année 1770. À partir de 1776 la composition des *Rêveries du promeneur solitaire* marque une sorte de répit dans le délire de persécution dont il souffre. Il meurt le 4 juillet 1778 à Ermenonville, chez le marquis de Girardin. L'île des Peupliers, où il est inhumé, devient un lieu de culte jusqu'à ce que la Convention, en 1794, décide le transfert de ses cendres au Panthéon.

VIE ET ŒUVRE DE J.-J. ROUSSEAU	CONTEXTE POLITIQUE, SOCIAL ET CULTUREL
1712 Naissance à Genève.	
	1715 Mort de Louis XIV. → 1723 La Régence.
	1719 Daniel Defoe : *Robinson Crusoé*.
	1721 Montesquieu : *Lettres persanes*.
1722 Son père quitte Genève ; mis en pension à Bossey, chez le pasteur Lambercier.	
	1723 → 1774 Règne de Louis XV.
1724 → 1725 De retour à Genève, Rousseau habite chez son oncle.	1724 Lesage : *Gil Blas* (livres 7 à 9).
1725 Entrée en apprentissage chez un maître-graveur.	
1728 Décide de ne plus rentrer chez son maître (14 mars); arrivée à Annecy, chez Mme de Warens (21 mars); départ pour Turin (24 mars) ; abjure le protestantisme (21 avril); au service de Mme de Vercellis, puis du comte de Gouvon (été-automne).	
1729 Installation chez Mme de Warens.	
1730 → 1737 Voyages à Lyon, Fribourg, Lausanne, Neuchâtel, Paris.	
	1731 Abbé Prévost : *Manon Lescaut*. → 1741 Marivaux : *La Vie de Marianne*.
	1733 → 1749 Rameau compose ses opéras majeurs.
	1734 Voltaire : *Lettres philosophiques*.
1737 Installation aux Charmettes, en compagnie de Mme de Warens.	
	1740 → 1786 Frédéric II roi de Prusse. Richardson : *Pamela*.

REPÈRES

VIE ET ŒUVRE DE J.-J. ROUSSEAU	CONTEXTE POLITIQUE, SOCIAL ET CULTUREL
1742 Départ pour Paris.	
1743 Rencontre avec Diderot. Secrétaire chez les Dupin.	1743 Choiseul, Premier ministre.
1744 Secrétaire d'ambassade à Venise.	
1745 De retour à Paris, liaison avec Thérèse Levasseur.	
	1746 Condillac : *Essai sur l'origine des connaissances humaines*.
	1747 Richardson : *Clarissa Harlowe*.
	1748 Fouilles de Pompéi. Montesquieu : *De l'esprit des lois*.
1749 Fait la connaissance de Grimm et de Mme d'Épinay. Rédige pour l'*Encyclopédie* des articles concernant la musique.	1749 Diderot : *Lettre sur les aveugles...*
1750 Remporte le prix de l'académie de Dijon grâce à son *Discours sur les Sciences et les Arts*.	1750 → 1772 *L'Encyclopédie*.
1752 Représentation du *Devin du village*.	1752 → 1754 «Querelle des bouffons».
1753 *Lettre sur la musique française*.	
1754 Redevient protestant.	1754 → 1764 Mme de Pompadour favorite.
1755 Publication du *Discours sur l'origine de l'inégalité*.	1755 Désastre de Lisbonne.
1756 Installation à l'Ermitage.	1756 Voltaire : *Poème sur le désastre de Lisbonne*.
1757 Passion pour Mme d'Houdetot (printemps, été). Rupture avec Mme d'Épinay, Diderot et Grimm. Quitte l'Ermitage (décembre).	1757 Attentat de Damiens contre Louis XV.
1759 Installation chez le maréchal de Luxembourg.	1759 Voltaire : *Candide, ou l'Optimisme*.
	1760 → 1781 Diderot : *La Religieuse*.

1761 Publication de *La Nouvelle Héloïse*.	1761 Greuze : *L'Accordée du village* .
1762 Rédaction des quatre *Lettres à Monsieur de Malesherbes*. Publication du *Contrat social* et de l'*Émile*. Décrété de prise de corps. Installation à Môtiers (juillet).	
	1763 Expulsion des Jésuites.
1764 Publication des *Lettres écrites de la montagne* ; rédaction du premier préambule des *Confessions*. Publication d'un libelle anonyme, *Sentiment des citoyens*, rédigé par Voltaire.	1764 Voltaire : *Dictionnaire philosophique*.
1765 Sa maison est attaquée à coups de pierres ; installation à l'île de Saint-Pierre puis expulsion.	
1766 Arrivée à Londres (janvier) ; hébergé par Hume ; rupture en juillet. Rédaction du 1er tome des *Confessions*.	1766 → 1769 Voyages de Bougainville.
1767 Départ d'Angleterre (mai).	
1769 Rédaction du tome II des *Confessions*.	1769 Saint-Lambert : *Les Saisons*.
1770 Installation à Paris, rue Plâtrière.	
1771 Lectures publiques des *Confessions*, bientôt interdites par la police.	
1772 Rédaction des *Dialogues, ou Rousseau juge de Jean-Jacques*.	
	1774 Goethe : *Les Souffrances du jeune Werther*. → 1791 **Règne de Louis XVI.**
1776 Distribue dans la rue son message *À tous Français aimant encore la Justice et la Vérité*. Rédaction des deux premières promenades des *Rêveries du promeneur solitaire*.	1776 Indépendance des États-Unis.
1777 Achèvement des *Rêveries*.	
1778 Accepte l'hospitalité du marquis de Girardin à Ermenonville où il meurt le 4 juillet.	

Jean-Jacques Rousseau.
Gravure d'après Mayer.

Synthèse générale

La postérité n'a retenu qu'une partie de l'œuvre de Rousseau. Elle en a ainsi occulté la diversité, et par là même, certains aspects contradictoires de la carrière et de la pensée de l'auteur.

Peut-être en effet n'était-il pas primordial de retenir les moindres œuvrettes poétiques ou théâtrales de Rousseau (telles *L'Allée de Sylvie* – recueil de vers –, ou *L'Engagement téméraire* – une comédie composée vers 1746, alors qu'il est encore secrétaire chez les Dupin). Mais elles prouvent cependant que l'illumination de Vincennes de 1749, qui inspire à Rousseau son *Discours sur les Sciences et les Arts*, ne fut pas tout à fait l'inspiration fatale qui devait métamorphoser malgré lui, et pour son malheur, l'artisan genevois en écrivain parisien à la mode. Elles jettent en outre le doute sur l'aversion proclamée de Rousseau pour la littérature et les arts, surtout pour les genres les plus mondains (comme la poésie galante) et les plus corrupteurs (comme le théâtre, décrié dans la *Lettre à d'Alembert sur les spectacles*). Les fictions romanesques qu'il a écrites, bluettes pastorales et moralisatrices dans le goût du temps (*Les Amours de Claire et de Marcellin*, *Le Petit Savoyard*, ou *La Vie de Claude Noyer*), indiquent également que *La Nouvelle Héloïse* – contrairement aux affirmations de l'auteur – ne fut pas sa seule concession au genre romanesque, due à une crise existentielle profonde : la veine romanesque de Rousseau, si elle ne s'épancha en une œuvre aboutie qu'une seule fois, ne fut ni superficielle ni intermittente. Rousseau n'imagina-t-il pas de donner une suite à l'*Émile*, sous forme de roman épistolaire ?

On peut bien sûr tenter de mettre en lumière les contradictions de l'œuvre, les expliquer et, peut-être, les résoudre. Mais il ne faut pas oublier que notre lecture se superpose en fait à celle que l'auteur lui-même a faite de son œuvre. En effet, Rousseau, dont le culte posthume fut sans égal dans l'histoire littéraire, est aussi le premier écrivain à avoir attaché une telle importance au récit des circonstances de la composition de ses œuvres, à avoir souligné le sens de son entreprise, l'évolution de sa pensée, mis en relief, exagéré ou escamoté ses contradictions. Les paradoxes que crurent débusquer les contemporains comme la postérité (de même que leur sympathie ou leur aversion passionnée pour un auteur qui instruisit sans relâche son procès) font partie intégrante du mythe de Jean-Jacques construit par Rousseau : celui-ci se présente lui-même comme une personnalité contradictoire – il va jusqu'à signaler la part du «délire de l'imagination» dans son obsession du complot – et il a mis en évidence les articulations problématiques de son système. Plutôt que de s'efforcer de les réduire, ou de lui en faire naïvement grief, mieux vaudrait peut-être s'interroger sur la fonction de ces oppositions.

LE ROMANCIER ET LE THÉORICIEN

Un homme à paradoxes

La réputation de Rousseau comme «homme à paradoxe» est consécutive à la publication du *Discours sur les Sciences et les Arts*, en 1750, qui marque ses débuts dans la carrière littéraire. Rousseau, en dénonçant la corruption occasionnée par les progrès de la civilisation, ne faisait pourtant que reprendre, en apparence, les anathèmes des Pères de l'Église sur les artistes (que l'on songe au sort réservé à la dépouille des comédiens au XVIIe siècle), et le motif des dangers de la lecture (de *Don Quichotte* au *Roman bourgeois* de Furetière), est un poncif de l'âge classique. Lorsque Rousseau, quelques années plus tard, s'en prend à Molière, dans la *Lettre à d'Alembert sur les spectacles* (1758), il n'est guère le premier : les moralistes chrétiens, de Bossuet à Fénelon en passant par le janséniste Nicole, avaient déjà jugé la comédie de Molière comme «une école de vice et de mauvaises mœurs».

Mais ce qui surprit les contemporains de Rousseau, outre la véhémence du ton (ne fait-il pas l'éloge de la sagesse du calife qui brûla la bibliothèque d'Alexandrie, et ne propose-t-il pas de prohiber l'imprimerie ?), c'est peut-être l'anachronisme d'une doctrine qui prenait le contrepied des idées du temps, justement appelé «siècle des Lumières». Étaient en particulier malmenées les thèses de Voltaire (exprimées, par exemple, dans *Le Mondain*, dans lequel est fait l'éloge du commerce et du luxe, instruments de paix, de tolérance et de civilisation), et celles de Diderot et de ses collaborateurs : l'*Encyclopédie* n'est-elle pas la somme des savoirs et des techniques, monument à la gloire des philosophes et de la raison ? Il est significatif que la rupture de Rousseau avec ses anciens amis intervienne surtout après la publication de la *Lettre à d'Alembert sur les spec-*

tacles, écrite en réponse à l'article «Genève» de l'*Encyclopédie*, dans lequel d'Alembert plaidait en faveur de l'établissement d'un théâtre à Genève. Mais Rousseau n'en appelait pas, pour condamner le progrès et les arts, à la morale chrétienne dont il est pourtant à certains égards si proche : la nouveauté radicale de la pensée de Rousseau, dont le *Discours sur les Sciences et les Arts* ne faisait que poser les jalons, était l'articulation d'une morale et d'une politique. Ainsi l'origine de la corruption de l'état social dénoncée avec brio dans le premier discours n'est-elle pas identifiée, dans le *Discours sur l'origine de l'inégalité* (1755), conformément aux dogmes chrétiens, comme la chute (c'est-à-dire la sortie du paradis terrestre à cause du péché originel), mais comme l'invention de la propriété, qui mit fin à l'état de nature. On peut remarquer que l'originalité de cette position et son caractère profondément subversif devait être sanctionnée par l'alliance, contre Rousseau, des représentants de l'esprit des Lumières (déçus, de l'aveu de Voltaire, que l'auteur des *Discours* ne collabore pas à la guerre des philosophes contre l'«infâme» – le clergé), et de leurs ennemis, jésuites, jansénistes, calvinistes de Genève.

Une mise en accusation rhétorique de la rhétorique

La composition de ce chef-d'œuvre de rhétorique qu'est le *Discours sur les Sciences et les Arts*, machine de guerre contre la rhétorique, est en fait la première des contradictions de Rousseau.

Mais la mise en accusation de la rhétorique enveloppe celle, plus radicale, de l'écriture et du langage : dans le *Discours sur l'origine de l'inégalité*, – et surtout dans le *Discours sur l'origine des langues* (ouvrage posthume qui constituait au départ une partie du second discours) –, Rousseau va plus loin, en faisant de la parole, non pas un attribut naturel de l'homme, mais une faculté qui s'est développée par hasard, à la suite d'un cataclysme, qui dut occasionner le rapprochement accidentel des hommes, seuls et indépendants dans l'état de nature. L'apparition de la parole entraîne celle de l'artifice et du mensonge, alors que les cris et les mimiques expressives de l'homme naturel traduisaient ses émotions sans les trahir. On voit que l'invention de la parole participe du progrès des lumières indissociable du malheur et de la corruption de l'espèce humaine. L'invention de l'écriture et de l'imprimerie sont pour Rousseau des étapes successives de cette décadence. Comment l'écriture, pour Rousseau, pourrait-elle alors être autre chose qu'une participation à la décadence des mœurs provoquée par le progrès des Sciences et des Arts ?

Dénoncer le hiatus entre la rigueur morale exhibée dans la théorie, qui convoque de surcroît des modèles mythiques (Rousseau donne sa voix, dans la célèbre prosopopée du *Discours sur les Sciences et les Arts*, au consul romain Fabricius, héros de Plutarque, ses parangons sont Caton et Socrate), et la vie de l'auteur était facile : on traita l'auteur, au début de sa carrière, de charlatan et de sophiste, avant de voir en lui, à la fin de sa vie, un imposteur et même l'Antéchrist. Rousseau, après le succès ambigu de son premier discours, crut résoudre cette aporie et déjouer les critiques, par sa «Réforme» : il adopta un mode de vie extrêmement frugal, jusque dans son habillement, se décida à tirer sa subsistance de la copie de partitions de musique, renonça à toute carrière diplomatique ou pension royale. Pour justifier son entrée dans la carrière littéraire, il attribua la composition de son premier discours à une inspiration subite à laquelle il n'avait pu se soustraire (l'épisode est connu sous le nom d'«illumination de Vincennes»); il ne cessa de projeter de renoncer à écrire, et de déplorer ses débuts comme écrivain, faute responsable, selon lui, de tous ses malheurs. Mais la composition de *La Nouvelle Héloïse* – le scandale de l'écriture est amplifié lorsqu'il s'agit d'écriture romanesque – devait faire éclater, aux yeux des contemporains de Rousseau comme aux siens propres, une insoluble contradiction.

L'invention d'un nouveau statut de l'écrivain

Rousseau a évoqué, dans le neuvième livre des *Confessions*, la crise existentielle à l'origine, selon lui, de l'écriture d'un roman qui est à plus d'un titre un démenti flagrant à sa condamnation répétée de la littérature (rappelons-nous que le seul livre qui sera mis entre les mains d'Émile, jusqu'à l'âge de quinze ans, est *Robinson Crusoé*). La *Julie* est en outre un roman d'amour, et l'héroïne, contrairement aux figures féminines stéréotypées du roman baroque (que l'on songe à Astrée), n'est pas un parangon de vertu. Rousseau n'a pas ignoré l'incohérence de sa démarche, il l'a même soulignée, dans *Les Confessions*, se traitant, à l'égal du ridicule héros de Charles Sorel épris des chimères des romans pastoraux, de «berger extravagant». On peut noter que Rousseau a exagéré le bouleversement occasionné dans sa vie et sa réputation par *La Nouvelle Héloïse* en ne soufflant mot de ses autres tentatives romanesques. Au-delà des contradictions qu'il ne faut donc pas chercher à minimiser, puisque Rousseau lui-même les a mises en relief, il faut admettre que cette dramatisation du conflit entre le théoricien et le romancier, entre l'auteur des *Discours* et celui de la *Julie*, a réussi à conférer à l'écriture – à laquelle personne n'avait encore associé des enjeux aussi graves, en dehors d'un contexte religieux – un statut nouveau. Écrire des livres – au bas desquels, au xviie siècle, on négligeait encore volontiers d'apposer sa signature – n'est plus un divertissement anodin. Parallèlement à Voltaire qui invente, en prenant la défense de victimes d'erreurs judiciaires, l'engagement de l'homme de lettres, Rousseau pèse la responsabilité morale de l'écrivain. Il met en perspective – sans s'accommoder d'une harmonie illusoire – sa vie, son œuvre et ses principes. La désinvolture de Charles Sorel, qui fulminait contre les stéréotypes des romans dans la *Bibliothèque Françoise*, non sans les utiliser impudemment lui-même dans ses romans d'amour et d'aventure, l'inconséquence de Cervantès, qui écrivit une pastorale – *Galatée* – et un roman chevaleresque – *Persilès et Sigismonde* –, tout en dénonçant l'un et l'autre genre dans *Don Quichotte*, sont désormais inconcevables : Rousseau ne se sent pas digne de signer la *Julie*, comme ses deux premiers discours, du titre de «citoyen de Genève». Mais le même souci de cohérence le poussera, malgré tous les conseils de prudence, à signer de son nom l'*Émile*, ce qui sera interprété comme une provocation par les autorités civiles et religieuses.

On peut noter cependant que dans la quatrième promenade des *Rêveries du promeneur solitaire*, Rousseau revient quelque peu sur son assimilation de l'art et de l'artifice, et tempère sa condamnation de la littérature. En effet, après avoir reconnu qu'il n'avait pas toujours scrupuleusement suivi, dans *Les Confessions*, l'exacte vérité, il admet (pour se rétracter, il est vrai, à la fin de la promenade) le caractère innocent de la fiction littéraire. Cette ébauche de réconciliation entre le théoricien et le romancier est en fait liée à un renoncement : effectivement proscrit et persuadé qu'il est la victime d'un complot universel, Rousseau, au moment où il écrit *Les Rêveries du promeneur solitaire*, n'espère plus ni la gloire littéraire ni l'estime de ses concitoyens. Il peut enfin se livrer impunément au plaisir d'écrire.

LE RÊVEUR ET LE CITOYEN

Les privilèges du martyr, du malade et du génie

L'articulation entre bonheur individuel et intérêt collectif est tout aussi problématique que la contradiction entre une vocation d'écrivain, une imagination romanesque, et une exigence de vérité qui proscrit l'artifice.

Rousseau a toujours tenté de mettre en relation – en soulignant bien souvent des hiatus – sa situation particulière et ses spéculations philosophiques et politiques. Ses ennemis ne se sont pas fait faute de divulguer l'intolérable abandon de ses propres enfants de la part de l'auteur d'un traité pédagogique, où est fait l'éloge de la famille. Rousseau revient à de nombreuses reprises sur cette accusation, soit pour se justifier (livres VII et XI des *Confessions*, 9e promenade), soit pour exprimer ses remords (*Émile*, livre I). Il relève lui-même bien d'autres oppositions : a-t-il trouvé, dans l'extase de la rêverie, un soulagement à ses maux ? Il précise que la félicité goûtée à l'île Saint-Pierre, conjuguant l'inaction et l'isolement, ne saurait être imitée par les autres hommes ; elle constituerait même pour eux un danger, car elle risquerait de détourner les citoyens d'activités utiles pour la société (5e promenade). Celui qui affirmait dans l'*Émile* qu'« il n'y a d'honnête que ce qui est utile », fait dans le douzième livre des *Confessions* l'éloge de la paresse et de l'oisiveté. Bien plus, le théoricien de la volonté générale, l'auteur du *Contrat social* (selon lequel le citoyen, dans l'état social, ne peut être libre qu'en aliénant sa vie, ses biens, sa liberté à la collectivité), avoue dans la sixième promenade être en définitive peu sociable : toute relation de dépendance lui est odieuse, au point qu'il se dit incapable de se soumettre à quelque contrainte que ce soit, même à celle de la bienfaisance. Dans les deux cas, Rousseau justifie cette inadéquation de sa vie à son système par les malheurs qu'il a endurés, et qui l'autorisent à se retrancher, par son comportement, du reste de l'humanité. L'autre excuse invoquée est celle du génie. Ainsi, l'éducation dispensée à Émile, tenu soigneusement à l'écart, jusqu'à la fin de son adolescence, du monde et des livres, diffère-t-elle profondément de celle de Rousseau enfant, lecteur de Plutarque et d'Honoré d'Urfé à six ans. Pourquoi Émile est-il jugé incapable, avant quinze ou dix-sept ans, de recevoir des rudiments d'éducation religieuse, alors que Jean-Jacques, enfant, est en mesure de disputer avec les docteurs de l'hospice des catéchumènes de Turin ? C'est qu'Émile n'est qu'un enfant ordinaire, alors que Jean-Jacques est « un prodige » : « Ce n'est qu'en grandissant que je suis rentré dans la classe ordinaire : en naissant j'en étais sorti. » On pourrait relever d'autres hiatus : ainsi le précepteur d'Émile refuse de s'occuper d'un enfant malade, sous prétexte que les soins exigés par un corps souffrant affaiblissent la volonté et aliènent l'esprit. Rousseau, éternel valétudinaire («j'étais né mourant...»), toute sa vie esclave de ses infirmités, se fait alors le défenseur impitoyable de la sélection naturelle!

Jean-Jacques, homme de la nature

Mais si Rousseau lui-même relève la plupart de ces distorsions, c'est parce que les liens entre son œuvre théorique et ses écrits autobiographiques révèlent une profonde exigence d'unité. L'ensemble de l'œuvre est en effet traversée par une quête de l'origine, indissociable de la question du bonheur. Il y a en effet une parenté profonde entre l'état de nature décrit dans le *Discours sur l'origine de l'inégalité*, l'enfance d'Émile, protégée des influences pernicieuses de la société et même de celles d'une famille, et la vie de Jean-Jacques racontée par Rousseau.

L'enfance de l'humanité, celles d'Émile et de Jean-Jacques sont bien des paradis perdus ; le bonheur réside dans le sommeil des facultés intellectuelles – que le précepteur d'Émile entend prolonger le plus longtemps possible –, et le primat des sensations sur le raisonnement : Émile à douze ans est si peu différent du sauvage (aisément confondu avec l'homme naturel) qu'il a pour seule lecture *Robinson Crusoé*. Si Jean-Jacques n'est pas aussi inculte – tant s'en faut – qu'Émile, il est autant que lui en contact avec la nature. La vie champêtre de Bossey (dans le livre I des *Confessions*) correspond à l'éducation en plein air d'Émile ; la forêt nourricière et accueillante dans laquelle évolue l'homme primitif reprend le même motif.

Rousseau, retiré à l'Ermitage dans une solitude presque absolue, pense d'ailleurs retrouver l'indépendance de l'état de nature ; il affirme que c'est en réfléchissant sur lui-même, au cours de ses promenades dans la forêt de Montmorency, qu'il a pu concevoir l'état primitif de l'humanité dépeint dans le *Discours sur l'origine de l'inégalité*. Il ne doute d'ailleurs pas que, seul dans une société corrompue, il a préservé certaines caractéristiques de l'enfance, ou de l'homme naturel ; c'est d'ailleurs en partie ce qui fonde à ses yeux la légitimité de l'entreprise autobiographique. Rousseau, seul homme de la nature au milieu de ses contemporains, «hommes de l'homme», est pour cette raison à la fois une exception et un modèle, un sujet d'observation adéquat pour étudier la condition humaine (c'est ce qu'il affirme dans le préambule des *Confessions* et surtout dans le préambule dit «de Neuchâtel»).

L'AMANT DE JULIE
ET LE PRÉCEPTEUR DE SOPHIE

L'antiféministe

Un des terrains sur lequel se jouent les contradictions de Rousseau est celui de l'amour et du statut de la femme. Il prend là encore le contrepied de ses contemporains, tels Voltaire et Diderot, et ses attaques virulentes contre les femmes auteurs, dignes du Chrysale de Molière (dans le cinquième livre de l'*Émile*), durent heurter bien des amies intellectuelles de son entourage, de Mme Dupin, dont il fut le secrétaire et le polygraphe, à Mme d'Épinay.

Rousseau reprend apparemment dans le cinquième livre de l'*Émile*, consacré à l'éducation de Sophie, les préceptes les plus sévères des moralistes chrétiens.

Fénelon n'est pas plus enclin que Rousseau à mettre des livres dans les mains des petites filles. La compagne de l'homme nouveau, que sera Émile, est une femme obéissante, pieuse et dévouée, dédiée à l'éducation de ses enfants. Julie elle-même, dotée d'un tout autre statut que l'insignifiante Sophie, abandonne totalement, une fois mariée à Wolmar, la lecture et l'étude pour se consacrer aux soins du ménage. Elle meurt d'ailleurs pour avoir voulu sauver son fils de la noyade, et des illustrations de l'époque représentent l'épisode avec le titre «une martyre de l'amour maternel». Au début de l'*Émile*, Rousseau plaide d'ailleurs vigoureusement en faveur de l'allaitement maternel, dans le but de renforcer la cohésion de la famille, mais aussi de rappeler la femme à «ses devoirs», incompatibles, selon lui, avec la satisfaction de ses désirs. Il importe d'ailleurs de contrôler et de réprimer la sexualité féminine (dans l'*Émile*, Rousseau va même jusqu'à assurer que la conservation de l'espèce l'exige) ; l'adultère féminin est en outre beaucoup plus grave que l'adultère masculin, les enfants illégitimes pouvant désunir la famille, pilier de l'ordre social. Les héroïnes de bien des romans du xixᵉ siècle, mères vertueuses qui brillent peu par l'esprit (de Mme de Rênal à Mme de Mor-sauf, en passant par la Kitty d'*Anna Karénine*), se profilent.

Cette dévalorisation de la femme s'intègre dans un idéal de société patriarcale (qui s'exprime en particulier dans la *Lettre à d'Alembert sur les spectacles*). Il est en effet à noter que l'antithèse entre l'art et la nature est redoublée par une opposition entre l'homme et la femme. Alors que la caractéristique essentielle du citoyen est la «vertu», à la fois sens civique et valeur guerrière (conformément à son étymon latin de « *vir* », la vertu recouvre les qualités propres à l'homme), la décadence se marque par l'adoption de « mœurs efféminées » (l'expression est par exemple attribuée à Fabricius stigmatisant, dans le *Discours sur les Sciences et les Arts*, les Romains corrompus). La femme est en effet encline à la séduction, à l'artifice : dans l'*Émile*, Rousseau soutient que la petite fille parle plus tôt que le garçon (on sait que l'apprentissage du langage, comme celui de l'écriture, n'est nullement valorisé par Rousseau). Elle est naturellement douée pour les arts d'agrément, et le sens esthétique, chez elle, supplée au souci de l'utilité (qui caractérise Émile entre douze et quinze ans) et aux facultés rationnelles, dont elle est à peu près dépourvue.

Ainsi, la société du *Contrat social*, dans laquelle les citoyens reconnaissent dans la loi les décrets de la Nature et de l'Être suprême, ne peut être constituée que d'hommes. La femme est naturellement exclue de ce pacte avec la Raison : dans une société bien ordonnée, « vertueuse », comme Rousseau imagine que l'ont été Genève et Sparte, elle est confinée dans son foyer et dans une foi essentiellement affective.

Les héroïnes de Rousseau

Intransigeant sur le rôle de la femme, qu'il veut voir partout traitée en mineure, Rousseau a pourtant confié à un personnage féminin, Julie, la maîtrise de l'aventure sentimentale et spirituelle qui fait la trame de *La Nouvelle Héloïse*. C'est bien la conversion de Julie, lors de son mariage avec Wolmar, et sa lettre testamentaire qui modifient les perspectives philosophiques et morales du roman. Il est à noter que c'est dans cette bouche féminine que Rousseau place, dans la cinquième partie, un exposé de principes éducatifs qui anticipent ceux de l'*Émile*. Il était déjà surprenant que l'héroïne ne fût pas chaste tout en gardant une morale irréprochable. Il est vrai que Julie, après son mariage, préfère la mort à l'adultère ; l'indulgence de Rousseau, moraliste rigoriste, surtout lorsqu'il s'agit de fustiger l'inconduite féminine, n'en est pas moins inattendue. Rousseau avait d'ailleurs projeté, dans la suite romanesque de l'*Émile*, un renversement de situation assez comparable à celui qui a lieu dans *La Nouvelle Héloïse* : alors que Julie, coupable d'une liaison avec son précepteur, devient, une fois mariée avec Wolmar, l'autorité morale, unanimement adorée et respectée, de son foyer, Sophie, heureuse épouse d'Émile, tombe dans la débauche et attend même un enfant de son amant (dans *Émile et Sophie, ou les Solitaires*, roman épistolaire inachevé) : Rousseau, qui a en horreur l'adultère, envisage pourtant une réconciliation finale du couple.

La même indulgence qui entoure ces personnages romanesques se manifeste à l'égard des femmes aimées. La dévotion pour Mme de Warens, dont Rousseau signale les multiples écarts de conduite (ce que Chateaubriand ne lui a jamais pardonné), ne s'est jamais démentie. Dans le livre IX des *Confessions*, Rousseau justifie longuement l'adultère de Sophie d'Houdetot et de Saint-Lambert. Il n'est pas jusqu'à Thérèse, dont les erreurs de jeunesse sont évoquées et pardonnées, qui ne bénéficie de cette attitude ambiguë.

Cette ambivalence par rapport à la féminité est sans doute indissociable de celles que nous avons précédemment mises en lumière. Dès le début des *Confessions*, Rousseau se place sous la double influence de sa mère morte (qui possédait des romans et écrivait des vers), et de son père, incarnation de l'esprit républicain de Genève. Il se définit comme double : «Ainsi commençait à se former ou à se montrer en moi ce cœur à la fois si fier et si tendre, ce caractère efféminé, et pourtant indomptable, qui, flottant toujours entre la faiblesse et le courage, entre la mollesse et la vertu, m'a mis jusqu'au bout en contradiction avec moi-même, et a fait que l'abstinence et la jouissance, le plaisir et la sagesse, m'ont également échappé. » Son œuvre philosophique et romanesque ne fera que moduler, sur des registres différents, cette antinomie.

Les grandes œuvres

Discours sur les Sciences et les Arts (1750)

HISTOIRE DE L'ŒUVRE

La révélation de Vincennes

Rousseau est revenu plusieurs fois (dans la deuxième lettre à M. de Malesherbes, dans le livre VIII des *Confessions*, dans le deuxième dialogue) sur les circonstances qui l'ont amené à composer son premier discours.

Un jour d'octobre 1749, alors qu'il se rend à Vincennes pour rendre visite à Diderot emprisonné pour quelques écrits subversifs, il lit dans *Le Mercure de France* l'intitulé de la question proposée cette année-là par l'Académie de Dijon («Si le progrès des Sciences et des Arts a contribué à corrompre ou à épurer les mœurs»). Rousseau raconte qu'il a alors été la proie d'une révélation subite et irrépressible : «À l'instant de cette lecture je vis un autre univers et je devins un autre homme» (*Les Confessions*). Il écrit sur-le-champ, «au crayon, sous un chêne», le passage le

23

plus célèbre et le plus véhément de l'ouvrage, la Prosopopée* de Fabricius. Ensuite, vivement encouragé par Diderot, il compléta son discours, qui remporta le prix : «Tout le reste de ma vie et de mes malheurus fut l'effet inévitable de cet instant d'égarement.»

Ce récit, qui insiste sur le caractère fatal de l'événement, est évidemment articulé au paradoxe fondamental du *Discours* (un morceau d'éloquence contre l'éloquence) et tend doublement à disculper son auteur : d'une part le hasard et les conseils de Diderot sont seuls responsables de ces débuts dans la carrière d'écrivain, que Rousseau a expiés toute sa vie ; d'autre part, le caractère fulgurant de l'inspiration est le garant de la sincérité de l'auteur, et déjoue en partie l'équivalence entre l'art et l'artifice.

Un succès ambigu

Le *Discours sur les Sciences et les Arts* connut un succès qui propulsa aussitôt son auteur, âgé de près de quarante ans, sur le devant de la scène intellectuelle et mondaine. Mais si le style fut unanimement admiré (et la Prosopopée de Fabricius aussitôt incluse dans les manuels de rhétorique), les thèses défendues par Rousseau déchaînèrent la polémique : pas moins de soixante-huit réfutations – dont une de la plume de Stanislas de Pologne* – virent le jour ; Voltaire et les Encyclopédistes (le Discours préliminaire de l'*Encyclopédie* parut justement en juin 1751) commencèrent à voir en Rousseau un dangereux contradicteur. S'ouvre alors un conflit qui devait aboutir – avec la *Lettre à d'Alembert sur les spectacles* –, en 1758, à une rupture définitive.

Pourtant, l'opinion la plus répandue était que Rousseau n'avait adopté une thèse aussi irrecevable que par jeu. Diderot lui-même contribua plus tard à accréditer cette idée, en prétendant que Rousseau, en arrivant au château de Vincennes, n'avait pas encore opté pour une réponse positive ou négative à la question de l'Académie. Il aurait conseillé à Rousseau de choisir la thèse la plus originale, pour se faire un nom. Cette version, probablement dictée par la malveillance, concourut à donner de Rousseau l'image, pour la plupart de ses contemporains, d'un homme à paradoxe, d'un brillant sophiste.

La Réforme

Après la parution de son premier *Discours* (qui coïncide en outre avec la représentation triomphale de son opéra *Le Devin du village*), Rousseau procède à ce qu'il a appelé sa «réforme». Il s'agit de mettre en accord sa vie avec les thèses de son premier ouvrage : bravant les préjugés, il renonce à la pension royale qui lui est offerte pour son opéra, répudie le luxe – jusque dans sa tenue vestimentaire. Il vivra désormais de la copie de partitions de musique. Il adopte alors le ton du censeur inflexible et du contempteur de la civilisation – qu'il jugera d'ailleurs plus tard, lors de son installation à l'Ermitage, outré.

RÉSUMÉ

Ce bref discours d'une trentaine de pages se compose de deux parties.

Dans la première, Rousseau, après avoir répondu par la négative à la question posée par l'Académie de Dijon («Si le rétablissement des Sciences et des Arts a contribué à épurer les mœurs»), décline longuement l'opposition entre la vertu (c'est-à-dire à la fois la morale et le sens civique) et le progrès : le raffinement de la civilisation entraîne la corruption, le goût du luxe et du profit, la perte des valeurs religieuses et le déclin du patriotisme. L'opposition entre Sparte et la Rome décadente (anathématisée par Fabricius, consul romain auquel Rousseau prête une diatribe contre la décadence) illustre cette antithèse.

Dans la seconde partie, Rousseau précise son réquisitoire contre les sciences, incertaines et inutiles, la philosophie, qui ruine les valeurs traditionnelles ; les arts entretiennent la frivolité et favorisent les inégalités. Les carrières intellectuelles et artistiques détournent en outre les citoyens d'activités plus profitables pour la collectivité, comme l'agriculture. Le travail intellectuel ne doit être autorisé qu'aux hommes de génie, qui seront consultés par les princes.

COMMENTAIRE

Le procès des Lumières

Dans ce discours, que l'auteur jugea par la suite «le plus faible de raisonnement», se met cependant en place le motif essentiel de la réflexion morale et politique rousseauiste : le scandale du divorce entre l'être et le paraître : «Qu'il serait doux de vivre parmi nous si la contenance extérieure était toujours l'image des dispositions du cœur!» Cette banale dénonciation de l'hypocrisie (que l'on songe au *Tartuffe* de Molière), point de départ de la démonstration du *Discours*, débouche sur une opposition entre nature et civilisation : « Avant que l'Art eût façonné nos manières et appris nos passions à parler un langage apprêté, nos mœurs étaient rustiques mais naturelles. » Le mal (moral et politique) procède d'une dénaturation, et non pas de la perversité de la nature humaine, comme l'affirmaient les moralistes chrétiens : cette altération est le produit de la civilisation, elle est artificielle. Rousseau rapproche ici le mot « art » de son sens étymologique (*ars, artis* : habileté, moyens, procédés) ; l'art est synonyme d'artifice, c'est-à-dire de tromperie, de séduction et de mensonge.

Ce n'était certes pas la première fois qu'était instruit le procès de l'art : l'effet corrupteur des sujets tirés de l'Antiquité (« ce sont des images de tous les égarements du cœur et de la raison »), par exemple, est un poncif de moralistes du XVIIe siècle. Cette diatribe contre les arts et les sciences ne surprit les contemporains de Rousseau que par son apparent anachronisme et son radicalisme (Rousseau suggère par exemple de supprimer l'imprimerie !). Mais c'est l'articulation entre la morale et la politique (puisque c'est la société, artificielle, qui est la cause de la décadence), développée, deux ans plus tard, dans le *Discours sur l'origine de l'inégalité*, qui fait le caractère novateur de cette dissertation académique. Par ailleurs, la brève critique du système éducatif qu'elle contient prouve qu'elle renferme en germe les développements ultérieurs de la pensée philosophique et politique de Rousseau, jusqu'à l'*Émile*.

La mise en question du progrès

La condamnation des arts, des sciences et des techniques est étayée par leur dépendance objective de la prospérité économique, que la philosophie des Lumières, posant les jalons du positivisme, associe au progrès de la raison, de la tolérance et du bonheur. Ainsi Voltaire (auquel Rousseau s'en prend nommément), dans *Le Mondain* (1736), s'était-il fait le chantre du capitalisme naissant. Or Rousseau affirme que les intérêts économiques et les principes éthiques sont irréconciliables : « Que deviendra la vertu, s'il faut s'enrichir à quelque prix que ce soit ? Les anciens politiques parlaient sans cesse de mœurs et de vertu ; les nôtres ne parlent que de commerce et d'argent. »

Cette méfiance absolue envers tout essor économique (Rousseau imagine une prière à Dieu dans laquelle on le supplie de rétablir « l'ignorance, l'innocence et la pauvreté ») se traduit par le rêve d'une France agricole, peuplée de «laboureurs», c'est-à-dire de petits propriétaires terriens. L'idéalisation de la vie à la campagne, opposée à celle des villes, trouve sa source aussi bien dans l'abondante littérature pastorale* du XVIIe et du XVIIIe siècle, dans l'utopie de l'île de la Bétique (les *Aventures de Télémaque* de Fénelon est le livre favori de Rousseau), que dans le souvenir des Charmettes (livre VI des *Confessions*).

L'exemple antique

La réflexion politique de Rousseau est nourrie, comme celle de ses contemporains, d'exemples tirés de l'histoire de l'Antiquité. Mais le mythe de Rome et Sparte, dont Rousseau a été imprégné dès l'enfance par la lecture des Hommes Illustres de Plutarque nourrit un idéal républicain qui n'est pas étranger au décor dont s'entoureront les révolutionnaires de 1789.

Rousseau délègue donc volontiers sa parole à des figures symboliques de la sagesse et du courage, comme Fabricius, consul romain légendaire, Socrate, auquel il aura, au cours de sa vie, de plus en plus tendance à s'identifier, Caton l'Ancien. Alors qu'Athènes et la Rome impériale sont les symboles de la décadence, Sparte et la Rome républicaine resteront, jusqu'au *Contrat social*, des modèles largement idéalisés : les Spartiates sont des «demi-dieux»! De Sparte, Rousseau admire l'organisation sociale et la rigueur morale. Ainsi, lorsqu'il oppose à la corruption la «vertu», il entend essentiellement par ce mot (de même que Montesquieu, qui, dans l'*Esprit des lois*, en fait le principe du régime républicain) le sens civique. Mais il l'associe également au patriotisme et aux valeurs guerrières.

Conformément au sens étymologique de ce mot (du latin *vir*, homme), la vertu, pour Rousseau, rejoint souvent la virilité. Ce glissement sémantique explique que la dénaturation, la corruption et l'artifice soient décelables, selon l'auteur, dans des «mœurs efféminées».

Enfin, l'exemple antique est également perceptible dans la couleur romaine de l'éloquence, nourrie des périodes cicéroniennes. Rousseau met tous les procédés de l'art oratoire au service de sa démonstration : anaphores*, parallélismes, antithèses, apostrophes abondent. La véhémence du ton, qui culmine dans la Prosopopée de Fabricius, annonce l'emphase du discours révolutionnaire.

Discours sur l'origine de l'inégalité (1755)

RÉSUMÉ

Le deuxième discours de Rousseau est, comme le premier (le *Discours sur les Sciences et les Arts*, en 1750), une réponse à une question posée par l'Académie de Dijon : «Quelle est l'origine de l'inégalité parmi les hommes, et si elle est autorisée par la loi naturelle.» Il se décompose en deux parties.

Dans la première partie, Rousseau dépeint l'homme des origines : il pose en effet l'hypothèse d'un état primitif de l'humanité, ou état de nature, par opposition à l'état social. Rousseau distingue l'inégalité physique de l'inégalité morale, et montre que cette dernière est incompatible avec la situation et les facultés de l'homme naturel, qui ne connaît ni la raison, ni les passions, ni la société de ses semblables. Seule l'inégalité physique existe dans l'état de nature, et elle est négligeable, puisque l'homme primitif vit seul et indépendant : l'égalité caractérise donc l'état de nature.

Dans la seconde partie, Rousseau décrit les différentes étapes de la sortie de l'état de nature. Ce processus, que Rousseau estime avoir été extrêmement lent, a été déclenché de façon fortuite. Quelque cataclysme naturel a peut-être incité les hommes, à l'origine indépendants, à se rassembler, ce qui a donné naissance à un langage d'abord uniquement constitué de cris et de gestes ; l'invention du feu, d'outils rudimentaires, et enfin de l'agriculture et de la métallurgie sont les jalons de cette dégradation de l'état de nature. Le développement de l'intelligence et les progrès techniques sont en effet concomitants de la perte de l'innocence et du bonheur. Juste avant le passage de l'état de nature à l'état social, intervient une phase intermédiaire (très longue et dont l'homme aurait pu ne jamais sortir, puisque c'est le stade où se trouvent actuellement les peuplades primitives), caractérisée par le regroupement en familles, la sédentarisation, la naissance des sentiments (l'amour, mais aussi l'amour-propre et la jalousie) et surtout la propriété. Le développement de celle-ci, que ne justifie aucune loi naturelle, est responsable, à cause de la multiplication du genre humain qui aboutit à la répartition totale, et inégale, de tout le sol disponible, à un état de guerre généralisé. C'est alors qu'intervient un contrat injuste, imaginé par les riches, afin de garantir leur vie et leurs biens. Ce contrat, qui stipule que les puissants s'engagent à protéger les faibles, en échange de quoi les pauvres s'engagent à respecter les possessions des riches, marque l'instauration de la société civile. Rousseau montre alors comment la constitution d'États, l'établissement de lois et de distinctions sociales découlent de ce pseudo-contrat, contraire à la raison et à la loi naturelle : mais il n'est pas irrévocable.

L'ÉTAT DE NATURE

L'hypothèse de l'homme naturel

Rousseau insiste à plusieurs reprises sur le caractère hypothétique de l'homme naturel. L'état de nature est une abstraction, un idéal dont la définition permettra d'instruire le procès de l'homme social, ou «homme de l'homme»; il s'agit en effet de «démêler ce qu'il y a d'originaire et d'artificiel dans la nature actuelle de l'homme, et de bien connaître un état qui n'existe plus, qui n'a peut-être jamais existé, qui probablement n'existera jamais, et dont il est pourtant nécessaire d'avoir des notions justes pour bien juger de notre état présent». Une des critiques des détracteurs de Rousseau l'accusant de prêcher un retour chimérique à l'état de nature (selon Voltaire, en lisant ce discours, «il prend l'envie de marcher à quatre pattes»...) s'avère donc infondée. L'état de nature n'entretient d'ailleurs pas avec l'état social un rapport d'antériorité, et la démarche de Rousseau n'est pas historique, mais philosophique : «Commençons donc pour écarter tous les faits, qui ne touchent point à la question. Il ne faut pas prendre ces recherches [...] pour des vérités historiques, mais pour des raisonnements hypothétiques et conditionnels; plus propres à éclaircir la nature des choses qu'à montrer la véritable origine.»

Cette affirmation du caractère purement abstrait de l'homme à l'état de nature permet aussi à Rousseau de ménager les croyants et la censure. En rapprochant le plus possible l'homme naturel de l'animal, il heurte en effet la vision chrétienne de l'histoire de l'humanité : la Genèse montre un premier homme doté par Dieu de raison, de parole et de principes moraux. Rousseau se place donc délibérément sur un autre plan, tout en affirmant son respect pour le dogme : « La religion [...] ne nous défend pas de former des conjectures. »

La démarche de Rousseau s'écarte du providentialisme* chrétien (qui d'ailleurs aboutit à la légitimation d'un état social injuste : « La religion nous ordonne de croire que Dieu lui-même ayant tiré les hommes de l'état de nature, ils sont inégaux parce qu'il a voulu qu'ils le fussent »), ainsi que des philosophes qui ont défini avant lui l'état de nature. Or Rousseau accuse les théoriciens modernes du droit naturel, Grotius* (*Droit de la guerre et de la paix*, 1625), Pufendorf* (*Droit de la nature et des gens*, 1672), Hobbes* (*De Cive*, 1642, le *Léviathan*, 1651), d'avoir transféré les caractéristiques de l'homme actuel (dénaturé et corrompu par la société) à l'homme naturel. Même s'ils définissent l'état de nature différemment (pour Grotius et Pufendorf, l'homme à l'état de nature est sociable, pour Hobbes, il est violent et cruel), tous aboutissent à légitimer l'ordre social, qu'ils font reposer non sur un décret divin, mais sur un contrat librement passé entre les hommes. On voit que l'enjeu de la définition de l'état de nature est la justification – ou la dénonciation – de l'inégalité qui règne dans la société moderne : le parti pris théorique de Rousseau est articulé à un projet politique, qui trouve son achèvement dans le *Contrat social*.

De l'orang-outan au bon sauvage

La démarche philosophique de Rousseau n'exclut pas un certain empirisme. Il a recours aux observations de Buffon (*Histoire naturelle*, 1749-1789), et aux récits de voyages comme ceux de Du Tertre, ou de Kolbe (*Description du cap de Bonne Espérance*, 1741), qu'il cite dans la note 6. Dans la dixième note, il rend compte de son observation personnelle d'un singe.

Selon Rousseau, l'homme ne se distingue de l'animal que par le libre-arbitre (il est capable, contrairement à l'animal, de s'écarter des injonctions de l'instinct) et surtout par sa capacité à se perfectionner. Rousseau voit d'ailleurs dans cette perfectibilité l'origine de la dénaturation de l'homme naturel et la source de sa déchéance : « C'est elle qui le tire, à force de temps, de sa condition originaire, dans laquelle il coulerait des jours heureux et innocents. » Mais ce n'est ni la raison ni le langage qui distinguent l'homme de l'animal, car l'homme naturel est dépourvu de l'un et de l'autre. Au contraire, les seuls sentiments primitifs de l'homme, l'amour de soi (ou instinct de conservation) et la pitié, sont communs à tous les animaux. On peut noter que Rousseau, tout en rejetant la théorie transformationniste selon laquelle l'homme descend du singe, est tenté d'assimiler le singe anthropoïde, comme l'orang-outan, et l'homme sauvage (note 10). Il cite en outre à l'appui de ses thèses sur l'homme naturel le cas – qui avait suscité au XVIIIe siècle bien des controverses – de l'enfant sauvage trouvé dans les bois, en Angleterre, en 1726.

La documentation ethnographique de Rousseau est précise et abondante. Elle intervient surtout dans les notes (en particulier les notes 6, 8, 10 et 16). La mode des récits de voyages explique cet intérêt pour les mœurs des Hottentots et des Caraïbes; mais Rousseau est le premier à attribuer à l'homme préhistorique les caractéristiques de l'homme sauvage, et à fonder sa réflexion sur l'homme sur l'étude des peuplades primitives : c'est dans cette mesure que Claude Lévi-Strauss* a pu affirmer que Rousseau était le fondateur de l'anthropologie moderne.

Ainsi l'homme naturel selon Rousseau a-t-il la bonne santé des Hottentots, le manque de prévoyance des Caraïbes. Mais le rêve exotique de Rousseau prend surtout son essor dans sa peinture de l'homme à la fin de l'état de nature. Il estime en effet que l'évolution des sauvages s'est arrêtée à ce stade qu'il définit comme un «juste milieu» entre l'état de nature et l'état social. Rousseau en fait un âge d'or («l'époque la plus heureuse, la plus durable [...] l'état le moins sujet aux révolutions, le meilleur à l'homme»), dans lequel le mythe du bon sauvage fusionne avec le décor pastoral traditionnel. Comme les bergers d'Arcadie, les hommes vivent dans des «cabanes rustiques», ils ont des instruments de musique et s'assemblent sous un grand arbre pour s'adonner au chant et à la danse, «vrais enfants de l'amour et du loisir». Comme les Indiens d'Amérique ou les sauvages des îles Caraïbes, ils peignent leur corps, se parent de plumes et de coquillages, confectionnent des arcs et des flèches.

Une conception du bonheur

Cette peinture de l'homme à l'état de nature s'inscrit dans une réflexion générale, au XVIIIe siècle, sur le bonheur.

La définition qu'en donne Rousseau est en partie inspirée du stoïcisme*, qui a imprégné la pensée des moralistes classiques. La félicité de l'homme naturel, exempt de passions, n'est pas très différente de l'ataraxie du sage. Rousseau fait en effet résider le bonheur dans l'adéquation entre les besoins et la faculté de les assouvir. Or les désirs de l'homme naturel, que n'excitent ni la raison ni l'imagination dont il est dépourvu, sont modiques («la nourriture, une femelle et le repos») et il peut les satisfaire. Il est totalement absorbé dans l'instant présent; la stupidité de l'homme naturel est aux yeux de Rousseau une sorte de plénitude existentielle : «Son âme, que rien n'agite, se livre au seul sentiment de son existence actuelle.» Il est intéressant de mettre en parallèle ce texte avec le passage de la cinquième promenade des *Rêveries du promeneur solitaire*, dans laquelle Rousseau décrit le bonheur comme un état d'extase, marqué par l'abolition de la conscience du temps.

Mais c'est surtout cette étape intermédiaire entre l'état de nature et l'état social, qui précède l'invention de la propriété, qui est pour les hommes l'âge du bonheur : «Ils vécurent libres, sains, bons et heureux autant qu'ils pouvaient l'être par leur nature, et continuèrent à jouir des douceurs d'un commerce indépendant.» Il correspond en effet à un idéal de simplicité et d'innocence, dans lequel la sociabilité n'est pas encore empoisonnée par l'amour-propre, et n'est pas incompatible avec la liberté de l'homme seul. La société patriarcale décrite dans la *Lettre à d'Alembert* sur les spectacles, la petite communauté autarcique de Clarens dans *La Nouvelle Héloïse*, sont imprégnées de la même nostalgie de l'âge d'or.

NATURE ET HISTOIRE : LE PASSAGE DE L'ÉTAT DE NATURE À L'ÉTAT SOCIAL

Déterminisme et contingence

Contrairement aux théoriciens du droit naturel, Rousseau affirme que le passage de l'état de nature à l'état social n'était nullement une nécessité : prouver le contraire revient à légitimer l'ordre social. Il insiste à la fois sur la lenteur du processus qui transforme «l'homme de la nature» en «homme de l'homme» et sur le rôle déterminant du hasard dans cette décadence : «L'homme n'a dû sortir de l'état de nature que par un funeste hasard qui pour l'utilité commune n'eût dû jamais arriver.» Seuls des accidents climatiques expliquent le développement des facultés intellectuelles de l'homme naturel, seul et oisif : «Des années stériles, des hivers longs et rudes [...] exigèrent d'eux une nouvelle industrie.» L'apparition du langage est tout aussi contingente : «De grandes inondations ou des tremblements de terre environnèrent d'eau ou de précipices des cantons habités [...]. On conçoit qu'entre des hommes rapprochés, et forcés de vivre ensemble, il dut se former un idiome commun.» Rousseau développe d'ailleurs sa théorie sur la formation du langage dans son *Essai sur l'origine des langues*, ouvrage posthume qui ne fut d'abord qu'un fragment du *Discours sur l'origine de l'inégalité*. Comme le langage, la découverte du feu est due à une «circonstance extraordinaire», peut-être une éruption volcanique.

Mais cette vision de l'histoire, qui fait largement intervenir la contingence, cohabite avec un déterminisme qui suppose à la source des changements historiques la modification des conditions concrètes d'existence, et plus précisément des rapports de production. Ainsi la démarche de Rousseau apparaît-elle très proche d'une conception matérialiste de l'histoire. A l'origine de ce processus qui aboutit à l'apparition de la propriété, Rousseau place le progrès technique. La nécessité de surmonter les obstacles engendrés par les cataclysmes naturels implique le développement de l'intelligence et la fabrication d'objets qui exigent bientôt le concours d'autres hommes. Les premières ébauches de sociabilité, qui se marquent par le regroupement en familles, accentuent cette division du travail, dans laquelle Rousseau, comme plus tard Karl Marx, voit l'origine de l'aliénation (qu'il appelle «la dépendance»).

L'anathème sur la propriété

L'idée que la création de la société civile est liée à l'apparition de la propriété n'est pas nouvelle. Elle est un lieu commun des théoriciens du droit naturel et de la pensée chrétienne (comme celle de Pascal, par exemple). Ce n'est qu'à la fin du XVIIe siècle en particulier avec Locke* (*Essai sur le gouvernement civil*, 1690) que se développe l'idée que la propriété est un droit naturel, car elle découle du travail. Voltaire annotant rageusement le début de la seconde partie de ce discours («Voilà la philosophie d'un gueux qui voudrait que les riches fussent volés par les pauvres!») a perçu la portée révolutionnaire de la condamnation véhémente de la propriété lancée par Rousseau.

Rousseau dément que la propriété, qui est la source de l'inégalité et aboutit inéluctablement à l'état de guerre généralisé et à l'établissement du pseudo-contrat, soit un droit naturel. L'invention (contingente) de l'agriculture entraîne en effet le partage des terres et la répartition de la main-d'œuvre, soit à la culture, soit à la fabrication des outils ; l'inégalité naturelle (physique et intellectuelle), sans conséquence tant que l'homme a vécu isolé, influe désormais sur les conditions de vie de chacun ; l'amour de soi, bénéfique dans l'état de nature, devient amour-propre. S'opère alors le divorce entre l'être et le paraître, qui est pour Rousseau inhérent à la corruption de l'état social : « Être et paraître devinrent des choses tout à fait différentes, et de cette distinction sortirent le faste imposant, la ruse trompeuse, et tous les vices qui en sont le cortège. »

Le pseudo-contrat

Le pseudo-contrat, que l'on peut appeler ainsi pour le distinguer du vrai contrat, que Rousseau définit dans le *Contrat social*, est une mystification et une malheureuse contingence historique. Le pseudo-contrat, inventé par les riches, propose aux pauvres qui cherchaient à s'emparer de leurs biens de se soumettre à une loi qui entérine en fait la répartition inégale des richesses. « Telle fut, ou dut être l'origine de la société et des lois qui donnèrent de nouvelles entraves aux faibles et de nouvelles forces aux riches. »

Rousseau diffère ici radicalement des théoriciens du droit naturel et de Locke. L'établissement de la société est bien la conséquence, pour Rousseau comme pour Hobbes*, d'un état de guerre généralisé, mais Rousseau a montré que l'état de nature est caractérisé par la paix et que la violence, contrairement à ce que postule Hobbes, est la conséquence d'une dénaturation.

Il est tout aussi erroné de prétendre que les pauvres ont aliéné volontairement leur liberté en échange de la protection que leur offraient les puissants, car l'amour de la liberté, impérieux chez les animaux comme chez les sauvages, prouve que la tyrannie est contraire à la raison et à la nature. Le faux contrat que l'on présente comme le fondement légitime de la société n'est donc qu'un marché de dupes. Mais en annonçant qu'il n'est pas irrévocable, Rousseau anticipe les développements du *Contrat social* sur le droit à l'insurrection : la portée révolutionnaire de ce second discours, beaucoup plus évidente que dans le premier qui fut pris pour un simple exercice de rhétorique, et qui reprenait d'ailleurs de nombreux arguments des moralistes chrétiens, explique peut-être qu'il n'obtint que le second prix au concours organisé par l'Académie de Dijon.

Du contrat social (1762)

RÉSUMÉ

Livre I : Il se décompose en deux parties. Dans la première partie, Rousseau réfute les arguments qui ont été avancés, en particulier par les théoriciens modernes du droit naturel, pour justifier la tyrannie. Il constate d'abord la contradiction entre la liberté de l'homme naturel et l'asservissement de l'homme social, mais il élude l'explication de ce passage, qu'il a décrit dans le *Discours sur l'origine de l'inégalité*. Le parallèle aristotélicien entre l'autorité du roi et celle du père de famille est caduque, car l'enfant devient adulte, et libre, dès qu'il peut être autonome. Le droit du plus fort n'est pas un meilleur argument, car son corollaire est le droit à l'insurrection. Enfin le pseudo-contrat qui est la base légitime, selon les théoriciens du droit naturel, de la société civile, n'est qu'un leurre imaginé par les riches pour leur profit.

Rousseau définit alors le vrai contrat social, pacte d'association par lequel chaque contractant abandonnant à la collectivité tous ses droits, recouvre enfin une liberté équivalente à celle qui règne dans l'état de nature. Chaque associé est donc à la fois sujet et souverain ; le citoyen, soumis à la raison qu'incarne la volonté générale, est aussi libre que l'homme à l'état de nature. L'État issu du contrat garantit en outre la propriété individuelle, pourvu qu'elle soit limitée et égale pour tous.

Livre II : Rousseau énumère d'abord les caractères abstraits de la souveraineté (c'est-à-dire le pouvoir dont dispose la volonté générale), qui réside dans le peuple : elle est inaliénable, indivisible, infaillible (car elle ne saurait résulter de la somme des intérêts particuliers), illimitée : la vie des membres du pacte lui appartient, elle peut en disposer, soit pour sa propre sauvegarde, soit pour retrancher de la collectivité qui a enfreint le pacte. Rousseau examine ensuite la souveraineté en mouvement, c'est-à-dire la législation : la loi est la déclaration de la volonté générale ; elle doit être édictée par un législateur, incarnation sublime de la Raison ; le législateur ne doit cependant avoir aucun pouvoir au sein de l'État. Mais quel peuple est susceptible de recevoir une législation ? Ni les peuples déjà corrompus, ni les États trop vastes, trop pauvres, ou en guerre, ne peuvent devenir des sociétés du contrat. La finalité de toute législation est la liberté et l'égalité ; mais la législation doit s'adapter aux caractéristiques géographiques et économiques de chaque pays. Rousseau distingue enfin le droit civil, le droit pénal et le droit politique.

Livre III : Il concerne le gouvernement, dont Rousseau donne d'abord une définition abstraite : le gouvernement est le pouvoir exécutif au service de la volonté générale. La proportion entre le nombre de citoyens et le nombre de magistrats (qui exercent le gouvernement) détermine les différentes formes de gouvernements. Dans la démocratie, qui ne convient qu'aux petits États, au moins la moitié des citoyens, au mieux tous les citoyens, sont magistrats ; mais cette forme de gouvernement est presque irréalisable car la vertu (ou sens civique) et l'égalité doivent y régner. L'aristocratie (dans laquelle un petit nombre, moins de la moitié des citoyens, gouverne) peut être naturelle, héréditaire ou élective : cette forme de gouvernement est adaptée aux États de dimension moyenne. L'aristocratie élective, dans laquelle les inégalités sont plus importantes que dans une démocratie, mais restent modérées, présente de grands avantages. Enfin, dans la monarchie, le gouvernement est exercé par un, ou plusieurs princes : elle convient aux grands États, mais s'exerce toujours au détriment du peuple. Certains gouvernements, mixtes, combinent ces formes ; le choix d'un gouvernement pour un pays dépend aussi de son climat et de son opulence : les pays riches et chauds doivent être gouvernés par un roi (car dans les monarchies règne le luxe), tandis que la démocratie convient aux pays pauvres, au climat tempéré. La croissance démographique est par ailleurs le meilleur indice d'un bon gouvernement. Ces trois formes de gouvernement peuvent dégénérer de deux façons : soit la démocratie se transforme en aristocratie, et l'aristocratie en monarchie ; soit la démocratie dégénère en anarchie, l'aristocratie en oligarchie et la monarchie en tyrannie. D'ailleurs les gouvernements périssent inévitablement, même si les meilleurs sont les plus durables. La vie d'un gouvernement réside dans le pouvoir législatif, qui doit être exercé par la totalité du peuple assemblé, convoquée par les magistrats régulièrement et selon des modalités fixées par la loi. Ainsi dans un État démocratique, le pouvoir législatif ne peut être délégué (le peuple ne doit pas avoir de représentants, c'est-à-dire de députés), contrairement au pouvoir exécutif. Mais quand le peuple délègue le pouvoir exécutif (le gouvernement) à des magistrats, cela ne signifie pas qu'il s'engage à leur obéir. Tout gouvernement peut être destitué par le peuple à tout moment, mais selon des formes légales, pour éviter l'instabilité et les séditions d'une fraction du peuple.

Livre IV : Le dernier livre traite des conditions du bon fonctionnement d'un État : il faut peu de lois dans un État bien gouverné. La volonté générale doit toujours primer sur les intérêts particuliers : lorsqu'il en est ainsi, les suffrages exprimés approchent de l'unanimité. En effet, la majorité indique toujours la volonté générale. Dans la démocratie idéale, les magistrats peuvent être tirés au sort. Rousseau analyse ensuite l'exemple du système politique de la Rome républicaine. Enfin, après avoir montré que le christianisme est incompatible avec le sens civique et le patriotisme, Rousseau propose l'établissement d'une religion civile, qui proclamerait essentiellement le caractère sacré du contrat social et des lois.

COMMENTAIRE

LE PACTE SOCIAL

Le paradoxe du contrat

Dans le *Discours sur les Sciences et les Arts* (1750) et le *Discours sur l'origine de l'inégalité* (1755), Rousseau a développé la thèse de la bonté originelle de l'homme, dénaturé, corrompu, par la société. Dans l'*Émile*, dont la rédaction est contemporaine à celle du *Contrat social*, l'éducation de l'homme naturel, totalement tenu à l'écart de la société jusqu'à l'âge de vingt ans, se substitue à une éducation nationale, impossible à envisager dans une société issue du pseudo-contrat (convention injuste, ratifiant l'oppression des pauvres par les riches, qui est à l'origine de l'établissement de la société). La réflexion menée dans le *Contrat social* (extrait d'un projet beaucoup plus vaste, né dès 1743, et qui devait s'intituler les «Institutions politiques») est donc indissociable de la problématique posée dans les deux discours et dans l'*Émile* : comment concilier la liberté de l'homme à l'état de nature et la vie sociale ? Quel doit être le contrat qui, contrairement au pseudo-contrat, fonde un ordre social juste ? Rousseau délaisse donc d'emblée l'explication du passage de l'état de nature à l'état social (qui était l'objet du second discours) pour poser une question qui – marquant par là même la naissance de la philosophie politique – se situe du point de vue de la morale et du droit : « L'homme est né libre et partout il est dans les fers [...]. Comment ce changement s'est-il fait ? Je l'ignore. Qu'est-ce qui peut le rendre légitime ? Je crois pouvoir répondre à cette question » (I, 1).

La solution à cette question est un paradoxe. Au début de l'*Émile*, Rousseau avait déjà signalé que « les bonnes institutions sociales sont celles qui savent le mieux dénaturer l'homme ». En effet, la liberté que Rousseau vient de définir comme inaliénable (« Renoncer à sa liberté, c'est renoncer à sa qualité d'homme, aux droits de l'humanité, et même à ses devoirs », I, 4), ne se conserve que grâce à son aliénation totale. La clause unique du contrat (formulé de la façon suivante : « trouver une forme d'association qui défende et protège de toute la force commune la personne et les biens de chaque associé, et par laquelle chacun, s'unissant à tous, n'obéisse pourtant qu'à lui-même, et reste aussi libre qu'auparavant ») est bien « l'aliénation totale de chaque associé avec tous ses droits à toute la communauté ». On peut noter que cette aliénation de l'individu à la communauté n'entraîne absolument pas la suppression de la liberté individuelle ni de la propriété privée : au contraire elle les renforce en leur donnant un fondement légitime. De même que l'homme naturel à l'issue du contrat est devenu un être moral, qui n'obéit plus à l'instinct mais à la raison, la liberté individuelle est devenue la liberté civile, et la possession (reposant arbitrairement sur le droit du plus fort), propriété protégée par la loi : la propriété privée n'est certes pas un droit naturel, comme l'affirmaient Locke* et les Encyclopédistes, mais dans la société issue du contrat, l'État est son garant. Elle peut cependant être réquisitionnée si le bien de la communauté l'exige, et elle doit être limitée, pour préserver l'égalité.

Le paradoxe inhérent au pacte social (la liberté originelle, en s'aliénant, ne se perd pas, elle change de nature) ne se résout que parce que les deux parties prenantes du contrat ont la même identité. La communauté s'est substituée à la ligue des riches du pseudo-contrat, au prince de Hobbes ou au souverain éclairé des Encyclopédistes. Mais cette solution soulève une difficulté d'ordre logique. Le peuple contracte avec la communauté ; mais celle-ci ne préexiste pas à l'établissement du contrat, elle en est le résultat. Les détracteurs de Rousseau ont relevé cette pétition de principe. Ainsi, en 1763, l'abbé François note : « Mais qu'est-ce qu'un peuple ainsi formé ? Ouvrage de l'imagination, on ne peut pas dire que ce pacte soit d'un particulier avec le tout, puisqu'il est présupposé au tout et qu'il doit en être le formateur? Mais si le tout ne peut exister que par l'acte d'association des particuliers, comment, avant qu'il existe, peut-il constater des engagements avec des particuliers?» Rousseau n'a pas ignoré ce décalage. Le contrat social ne peut donc être adopté que par des peuples vertueux, et encore épargnés par la corruption de l'état social (on sait que Rousseau pense à Genève, ou à la Corse) : «Pour qu'un peuple naissant pût goûter les saines maximes de la politique et suivre les règles fondamentales de la raison d'État, il faudrait que l'effet pût devenir la cause, que l'esprit social qui doit être l'ouvrage de l'institution présidât à l'institution même, et que les hommes fussent avant les lois ce qu'ils doivent devenir par elles» (II, 3).

La volonté générale

La volonté générale (qui, lorsqu'elle est active, porte le nom de «souveraineté») est celle de la communauté qui est issue du contrat social. Incarnation de la raison, elle est infaillible : «La volonté générale est toujours droite et tend toujours à l'utilité publique» (II, 3).

Rousseau souligne à plusieurs reprises qu'elle ne saurait se confondre avec la somme des intérêts particuliers : «La volonté particulière tend par sa nature aux préférences, et la volonté générale à l'égalité.» Pour que la volonté générale puisse être dégagée par le vote, Rousseau recommande l'abolition des associations ou partis, qui ne pourraient que substituer à l'intérêt de l'État celui d'un groupe, qui, fût-il majoritaire, ne peut incarner la volonté générale. Par «intérêt particulier», Rousseau entend aussi bien celui d'un individu que celui d'un parti ou d'un groupe social. Certes, aucune forme de corporatisme ou de «lutte des classes» n'est envisageable dans la société issue du contrat, puisque l'égalité des rangs et des fortunes y est à peu près absolue. On peut cependant se demander si cette absence de groupes sociaux antagonistes, dans la société du contrat, ne relève pas de l'utopie, puisque la propriété privée y est maintenue et même renforcée : c'est en tout cas la critique adressée à Rousseau par des philosophes marxistes, comme Louis Althusser*.

Une autre difficulté soulevée par la définition de la volonté générale est son caractère absolu. D'elle dépendent non seulement la liberté et les biens des citoyens, mais aussi leur vie. Rousseau considère que la vie fait partie des biens que les contractants aliènent volontairement à la communauté par le pacte social : il justifie donc la peine de mort (comme tous ses contemporains, à l'exception de l'Italien Cesare Beccaria, auteur du *Des délits et des peines* en 1764). Enfin la volonté générale est non seulement absolue, mais elle est aussi infaillible. Comme la majorité des voix (si les citoyens ont été suffisamment informés et que des partis n'ont pas divisé l'État) indique la volonté générale, tout opposant, s'il est minoritaire, a nécessairement tort : « Quand donc l'avis contraire au mien l'emporte, cela ne prouve pas autre chose sinon que je m'étais trompé, et que ce que j'estimais être la volonté générale ne l'était pas » (IV, 2). On comprend donc que cette définition de la volonté générale inquiète les défenseurs de la liberté individuelle (tel Benjamin Constant, *De la liberté des Anciens comparée à celle des Modernes*, 1829), ou certains critiques contemporains qui vont même jusqu'à dénoncer dans le *Contrat social* la mise en place théorique du totalitarisme. On pourrait leur rétorquer que Rousseau ayant stipulé que le pacte social, si les engagements des contractants ne sont pas respectés, est révocable à tout moment, a prévenu au contraire toute dérive totalitaire.

Souveraineté et gouvernement

Rousseau ayant remplacé le double contrat des théoriciens du droit naturel (un pacte d'association et un contrat de sujétion, par lequel le peuple devient sujet du prince) par le contrat social, il apparaît clairement que la souveraineté (dont la marque distinctive est le pouvoir législatif) réside dans le peuple. L'idée de l'identité entre le souverain et le peuple est assez répandue parmi les philosophes des Lumières (elle est développée, par exemple, par Diderot, dans l'article « Autorité politique » de l'*Encyclopédie*, paru en 1751). Ainsi Rousseau a-t-il déjà insisté, dans l'article « Économie politique » rédigé avant la rupture avec les Encyclopédistes, sur la distinction entre souveraineté et gouvernement : le souverain exerce le pouvoir législatif, le gouvernement n'a que le pouvoir d'appliquer les lois, c'est-à-dire le pouvoir exécutif ; il est au service de la volonté générale. La souveraineté ne réside pas dans le pouvoir exécutif, comme l'estimaient certains théoriciens politiques, comme Bodin*, qui justifiaient ainsi la monarchie.

Mais les conséquences que Rousseau tire de ce postulat sont radicales. En premier lieu, le gouvernement, subordonné à la volonté générale, est par essence provisoire, et peut être à tout moment déposé par le peuple – même si des procédures légales doivent être respectées pour empêcher que des factieux qui ne représentent pas la volonté générale ne s'emparent du pouvoir. En second lieu, Rousseau, s'écartant en cela de Montesquieu et des philosophes des Lumières, estime que la souveraineté ne peut se déléguer : «Je dis donc que la souveraineté, n'étant que l'exercice de la volonté générale, ne peut jamais s'aliéner, et que le Souverain, qui n'est qu'un être collectif, ne peut être représenté que par lui-même.» Par conséquent, seule la démocratie directe, dans laquelle le peuple exerce lui-même le pouvoir législatif, est légitime. Encore faut-il préciser que Rousseau appelle démocratie les États dans lesquels, sur le modèle grec ou suisse, le pouvoir législatif n'est pas exercé par des représentants du peuple, mais par le peuple lui-même : ainsi les démocraties parlementaires modernes, selon la terminologie de Rousseau, ne sont que des aristocraties électives.

L'IDÉAL DÉMOCRATIQUE

Une doctrine révolutionnaire ?

Rousseau n'est pas le premier à avoir affirmé que la liberté et l'égalité étaient des prérogatives de l'homme à l'état de nature ; c'est un lieu commun, au XVIIᵉ siècle, de la pensée des théoriciens du droit naturel, opposée aux défenseurs de la monarchie de droit divin qui affirment, tel Bossuet, que «les hommes naissent tous sujets». Mais Rousseau est le premier à assigner comme finalité à la société civile de fonder en droit la liberté : ainsi les rédacteurs de la Déclaration des droits de l'homme de 1789 (article premier : «les hommes naissent tous libres et égaux en droits») s'inspirent-ils de l'esprit du Contrat social.

Contrairement à Montesquieu (dont sont reprises cependant certaines analyses, en particulier à propos de l'influence des climats sur les mœurs et les systèmes politiques), Rousseau n'examine pas les rouages des systèmes politiques existants, mais pose la question de leur légitimité. À Montesquieu qui fait de la vertu le principe de la démocratie, Rousseau rétorque que la vertu (ou sens civique) est le fondement de tout ordre social bien constitué ; ainsi la critique de la monarchie – que Rousseau, contrairement à Montesquieu, ne distingue pas du despotisme – est-elle aussi directe et aussi radicale que celle de l'esclavage. Rousseau balaie les arguments des théoriciens du contrat, comme Grotius* et Pufendorf*, en niant la validité du contrat de sujétion, mais aussi ceux qui prétendent fonder la légitimité du gouvernement monarchique sur des principes moraux, comme Fénelon* : « Les rois veulent être absolus, et de loin on leur crie que le meilleur moyen de l'être est de se faire aimer de leurs peuples. Cette maxime est très belle [...] malheureusement on s'en moquera toujours dans les cours. » La monarchie héréditaire apparaît comme le pire des systèmes politiques puisque son but « n'est point la félicité publique, et la force même de l'administration tourne sans cesse au préjudice de l'État » (III, 6).

Cependant, si Rousseau affirme nettement le droit à l'insurrection, pour renverser un régime qui n'est établi que sur le droit du plus fort – « convenons donc que force ne fait pas droit, et qu'on n'est obligé d'obéir qu'aux puissances légitimes » –, il a maintes fois affirmé son aversion pour l'action révolutionnaire, qu'il assimile à la guerre civile. Son projet de constitution pour la Pologne (*Considérations sur le gouvernement de Pologne*, 1772) révèle un souci de réforme (il y affirme : « il ne faut rien changer sans nécessité ») plutôt que de transformation radicale. Sa vision pessimiste de l'histoire (la corruption est irréversible, et l'image récurrente de l'ordre social comme corps implique son vieillissement et sa mort inéluctable) atténue également la portée du message révolutionnaire.

D'ailleurs, il faut rappeler que le *Contrat social* a été très peu lu avant la Révolution française, et mal compris, car les lecteurs furent rebutés par la logique démonstrative et le vocabulaire mathématique employés, contrastant avec l'emphase et le style oratoire des deux discours. On ne saurait donc attribuer au *Contrat social* un rôle direct dans la préparation intellectuelle de la Révolution. Le seul événement politique auquel il fut associé furent les troubles opposant à Genève les partisans d'un système à l'anglaise reposant sur l'équilibre des pouvoirs et ceux qui proclamaient l'absolue souveraineté du peuple : Rousseau prit part au débat dans les *Lettres écrites de la montagne*, en 1764, dans lesquelles il adopta, il est vrai, une position de compromis.

La République : une utopie ?

Rousseau fait un éloge ambigu de la démocratie. Il en souligne le caractère idéal et chimérique : « S'il y avait un peuple de dieux, il se gouvernerait démocratiquement. Un gouvernement si parfait ne convient pas à des hommes » (III, 4). Même les modèles largement mythiques de Sparte et de Genève, que Rousseau a mis à contribution tant de fois, ne sont pas retenus : « À prendre le terme dans toute la rigueur de l'acception, il n'a jamais existé de véritable démocratie, et il n'en existera jamais.» La démocratie est donc une utopie en raison de trois séries de difficultés, d'ordre pratique, politique et théorique.

Le refus d'admettre que le pouvoir législatif du peuple puisse être délégué à des représentants, ou députés («Toute loi que le peuple en personne n'a pas ratifiée est nulle; ce n'est point une loi»), motivé par ailleurs par l'exemple de la monarchie parlementaire anglaise, conduit Rousseau à n'envisager de république que dans de très petits États : si le peuple exerce le pouvoir législatif en personne, il faut pouvoir le réunir. L'exemple de Rome, de Sparte, d'Athènes, de Genève, confirme ce point de vue : Rousseau imagine en fait une république concentrée dans les murs d'une seule ville. Si l'État comprend plusieurs villes, Rousseau propose de faire tenir les assemblées alternativement dans toutes les villes, dont aucune ne serait capitale.

Du point de vue politique, la démocratie est la forme de gouvernement la moins stable, la plus sujette à être corrompue par les intérêts privés : «Il n'y a pas de gouvernement si sujet aux guerres civiles et aux agitations intestines que le démocratique ou populaire, parce qu'il n'y en a aucun qui tende si fortement et si continuellement à changer de forme, ni qui demande plus de vigilance et de courage pour être maintenu dans la sienne». Par ailleurs, de même que des conditions géographiques et climatiques particulières doivent être réunies (il ne faut pas que le sol soit trop fertile dans un État démocratique, pour éviter l'abondance et le luxe, facteurs de corruption), il faut que le sens civique et l'amour de l'égalité animent le peuple républicain. Or, comme la corruption, selon Rousseau, n'a épargné que Genève, la Corse et la Pologne, et qu'elle est, dans les autres pays d'Europe, irréversible, l'établissement de la démocratie paraît bien improbable. Enfin, un gouvernement démocratique est presque une impossibilité théorique, puisqu'une démocratie imparfaite se transforme en tyrannie, et qu'une démocratie parfaite tend à la suppression du gouvernement et à la disparition de l'État.

Ces multiples difficultés que Rousseau oppose à la réalisation de son idéal démocratique ont pu laisser à penser que les préférences de Rousseau allaient à l'aristocratie, et en particulier à l'aristocratie élective (qui correspond à peu près à nos démocraties parlementaires) : «En un mot, c'est l'ordre le meilleur et le plus naturel que les plus sages gouvernent la multitude, quand on est sûr qu'ils la gouverneront pour son profit et non pour le leur» (III, 5).

Cependant, même si les conditions posées par Rousseau à l'instauration de la démocratie rendent celle-ci à peu près irréalisable, il faut rappeler que Rousseau s'est employé, à deux reprises, à appliquer, ou à aménager les principes exposés dans le *Contrat social* – dans les deux projets de législation rédigés, à la demande de patriotes corses et polonais (*Considérations sur le gouvernement de Pologne*, en 1772, et *Projet de constitution pour la Corse*, écrit entre 1760 et 1769).

Dieu et la démocratie

La dernière limite de l'idéal démocratique exprimée dans le *Contrat social* est le rôle dont Rousseau investit le législateur. La volonté générale étant l'incarnation de la raison, c'est-à-dire de Dieu, le rédacteur des lois, selon Rousseau, est un homme sublime (les exemples de Lycurgue* et de Moïse sont d'ailleurs mythiques) dont le pouvoir s'apparente à celui d'un démiurge : «Celui qui ose entreprendre d'instituer un peuple doit se sentir en état de changer, pour ainsi dire, la nature humaine» (II, 7). D'ailleurs, «il faudrait des dieux pour donner des lois aux hommes». On peut s'étonner que le peuple, dans lequel réside la souveraineté, ne soit pas apte à concevoir les lois qu'il promulgue : «Les vues trop générales et les objets trop éloignés sont également hors de sa portée». Rousseau recommande donc au législateur (qu'il dépouille, il est vrai, de toute fonction dans l'État, et même du droit de voter les lois, pour prévenir tout risque de dictature) d'en appeler à l'autorité divine pour convaincre le peuple : «C'est une nécessité qu'il recoure à une autorité d'un autre ordre, qui puisse entraîner sans violence et persuader sans convaincre.» Il va même jusqu'à l'autoriser d'employer, pour parvenir à convaincre le peuple, le subterfuge des oracles ou autre témoignage de la divinité. On songe à Wolmar, dans *La Nouvelle Héloïse*, régissant dans l'ombre le petit univers de Clarens, ou au précepteur d'Émile, qui ordonne le monde comme un théâtre à des fins pédagogiques : la tentation de la manipulation se fait jour à nouveau.

Mais Rousseau entend faire appel à l'Être suprême pour garantir la cohésion sociale et le respect des devoirs du citoyen de façon plus durable. Il dresse d'abord un véritable réquisitoire contre le christianisme, qui prône une obéissance au clergé, incompatible avec le devoir patriotique, et une résignation qui ne convient guère à un peuple libre. Ce développement, notons-le, est celui qui a le plus choqué les contemporains de Rousseau et motivé la condamnation de l'ouvrage.

Rousseau propose ensuite l'établissement d'une religion civique, qui sacraliserait le pacte social. Les articles de cette religion seraient «des sentiments de sociabilité sans lesquels il est impossible d'être bon citoyen, ni sujet fidèle». Non seulement l'athée ne saurait être bon citoyen, mais Rousseau propose pour lui le bannissement, et même la peine de mort : «Si quelqu'un, après avoir reconnu publiquement ces mêmes dogmes, se conduit comme ne les croyant pas, qu'il soit puni de mort ; il a commis le plus grand de tous les crimes, il a menti devant les lois.» Il faut signaler que le même débat – également soulevé dans *La Nouvelle Héloïse* – avait trouvé une conclusion plus modérée, quoique ambiguë : «Si j'étais magistrat, et que la loi portât la peine de mort contre les athées, je commencerais par faire brûler quiconque en viendrait dénoncer un autre.» Nul doute, en tout cas, que la religion civique du *Contrat social* n'ait été en partie à l'origine, non seulement de l'Être suprême sous les auspices duquel sont placés les articles de la Déclaration des droits de l'homme, mais aussi de la Fête de l'Être suprême du 20 prairial an II. Ainsi Robespierre, fervent lecteur du *Contrat social*, affirme-t-il, paraphrasant Rousseau : «L'idée de l'Être suprême et de l'immortalité de l'âme est un rappel continu à la justice : elle est donc sociale et républicaine.»

LE TRAITÉ SUR L'ÉDUCATION

Émile ou De l'éducation (1762)

HISTOIRE DE L'ŒUVRE

Le préceptorat

Rousseau a endossé à plusieurs reprises – et semble-t-il sans succès – le rôle de professeur : maître de musique des jeunes filles de Lausanne et d'Annecy, il devient en 1740 précepteur des enfants de M. de Mably, à Lyon ; il rédige d'ailleurs à cette occasion un «Projet pour l'éducation de M. de Sainte-Marie». Trois ans plus tard, sa protectrice, Mme Dupin, le charge de veiller pendant une dizaine de jours sur son fils de douze ans, passablement tyrannique. Ces tentatives ont sans doute donné à Rousseau l'occasion d'observer les enfants : il note par exemple, dans le livre VI des *Confessions*, que c'est à tort qu'il croyait son élève, âgé de neuf ans, doué de raison et de sentiment. Dans l'*Émile*, Rousseau fait d'ailleurs plusieurs fois allusion à son expérience de pédagogue (par exemple au livre II), même si les faits qu'il relate sont en partie fictifs.

Rousseau souligne en effet l'écart entre l'éducation d'Émile et ses expériences comme précepteur : «J'ai fait autrefois un suffisant essai de ce métier pour être assuré que je n'y suis pas propre.» Plus qu'un traité d'éducation – qui n'exigerait que l'expérience du pédagogue –, l'*Émile* se veut une anthropologie, une science de l'homme, qui requiert l'autorité du philosophe et du moraliste.

Émile est d'ailleurs un «élève imaginaire», et le pédagogue qui se charge de son éducation, «âme sublime», est une figure idéale avec laquelle Rousseau marque ses distances : «J'ai donc pris le parti [...] de me supposer l'âge, la santé, les connaissances et tous les talents convenables pour travailler à son éducation.» En outre, le précepteur théorique de cet élève hypothétique ne sera pas salarié («Il y a des métiers si nobles qu'on ne peut les faire pour de l'argent sans se montrer indigne de les faire»), et en supposant Émile orphelin, Rousseau écarte toute relation de dépendance entre l'éducateur et les parents de l'enfant : il s'éloigne délibérément des conditions réelles d'une éducation ordinaire.

Enfin, même si Rousseau dans sa préface de l'*Émile* affirme avoir écrit pour «une bonne mère qui sait penser» (en fait Mme de Chenonceaux, qui lui avait demandé des conseils pour l'éducation de son fils), il insistera plus tard, quand il s'agira de défendre l'*Émile* condamné, sur l'aspect théorique de l'ouvrage : «Il s'agit d'un nouveau système d'éducation dont j'offre le plan à l'examen des sages, et non pas d'une méthode pour les pères et les mères, à laquelle je n'ai jamais pensé» (*Lettres écrites sur la montagne*).

Rousseau père

L'abandon par Rousseau de ses cinq enfants (entre 1746 et 1752, il les fit déposer à l'hospice des Enfants trouvés) n'a pas manqué d'apparaître, aux yeux des détracteurs de l'auteur, comme un démenti choquant des thèses défendues dans l'*Émile*. N'y affirme-t-il pas, dès le livre I, le caractère sacré des devoirs de père ? «Il n'y a ni pauvreté, ni travaux, ni respect humain qui le dispensent de nourrir ses enfants, et de les élever lui-même.» Mais cette assertion s'accompagne d'un aveu solennel, quoique implicite, qui se veut dicté par le remords : «Lecteurs, vous pouvez m'en croire. Je prédis à quiconque a des entrailles et néglige de si saints devoirs qu'il versera longtemps sur sa faute des larmes amères, et n'en sera jamais consolé.» La relation entre ce sentiment de culpabilité et la rédaction de ce plaidoyer pour l'enfance que constitue l'*Émile* est vraisemblable.

Elle est également révélatrice d'un changement des mentalités. Aux bonnes et aux mauvaises raisons (l'excellence d'une éducation dispensée par l'État, ses mauvaises fréquentations d'alors, le manque de ressources, l'inculture de Thérèse Levasseur) alléguées par Rousseau pour justifier sa décision, prise alors «gaillardement et sans le moindre scrupule» (*Confessions*, livre VII), on peut sans doute ajouter l'évolution des mœurs. Les remords tardifs témoignés par Rousseau à l'époque de la composition de l'*Émile* (il permet par exemple à Mme de Luxembourg de faire rechercher, d'ailleurs en vain, son fils aîné) coïncident en effet avec l'apparition dans la société française d'une nouvelle conception de la famille et de l'enfant. Cette évolution (comme l'a montré Elisabeth Badinter dans son livre sur l'histoire de l'amour maternel, *L'Amour en plus*, Flammarion, 1980) se produit aux alentours de 1750, et se confirme au cours du XVIIIe siècle – précisément grâce à l'influence de l'*Émile*.

Les sources

Le thème de l'éducation est souvent abordé à la fin du XVIIᵉ siècle et dans la première partie du XVIIIᵉ, comme en témoigne l'important article «Éducation» dans l'*Encyclopédie*. Rousseau s'est en partie inspiré, entre autres, du *Traité de l'éducation des enfants* du philosophe anglais Locke (traduit en français en 1695), en ce qui concerne l'importance accordée à l'hygiène et aux exercices physiques, et la condamnation des châtiments corporels. Mais Rousseau s'écarte de Locke en supposant l'apparition de facultés rationnelles beaucoup plus tard que lui : il est inutile, à ses yeux, de parler raison aux enfants. Du *Traité de l'éducation des filles*, de Fénelon, Rousseau a peut-être retenu la méfiance envers la science et l'éducation pour tous. La défense de l'allaitement maternel, dont Rousseau est réputé le principal défenseur, est en fait un thème cher aux moralistes chrétiens dès le XVIᵉ siècle. Certains préceptes de Montaigne dans le chapitre XXVI du premier livre des *Essais*, intitulé «De l'institution des enfants», sont également repris dans l'*Émile* : le primat accordé à la formation du jugement sur l'acquisition de connaissances, l'importance de l'éducation physique, l'inutilité de l'usage de la violence de la part du précepteur, le but même d'une éducation réussie (l'acquisition d'une sagesse fortement teintée de stoïcisme*) sont des traits communs aux conceptions de Montaigne et de Rousseau en matière de pédagogie. Montaigne est d'ailleurs cité à la fin du livre III quand le pédagogue se donne pour objectif de rendre Émile «sinon instruit, du moins instruisable».

Enfin, l'éducation dispensée à Sparte dans l'Antiquité (telle du moins qu'il la connaît à travers Plutarque*), de même que la *République* de Platon, sont les deux références favorites de Rousseau. Il ne s'agit pas de modèles, car une éducation dispensée par l'État ne peut convenir dans les sociétés corrompues comme les nôtres ; mais l'endurance des enfants de Sparte, plus rompus aux exploits athlétiques qu'aux exercices intellectuels, est citée par Rousseau en exemple : «Vous ne parviendrez jamais à faire des sages si vous ne faites d'abord des polissons : c'était l'éducation des Spartiates» (livre II).

La condamnation de l'*Émile*

Rousseau a consacré le livre XI des *Confessions* au récit des circonstances qui ont entouré la condamnation de l'*Émile* par le Parlement de Paris le 9 juin 1762. Décrété de prise de corps (c'est-à-dire qu'un mandat d'arrestation est promulgué contre lui), il quitte précipitamment la maison mise à sa disposition par le maréchal de Luxembourg. Débute alors une vie d'errance qui le conduira successivement dans les territoires de Berne, de Neuchâtel, sous la protection du roi de Prusse, en Angleterre, puis de nouveau à Paris.

La violence extrême des accusations, des insultes dont il est l'objet (de la part de ses anciens amis encyclopédistes comme des défenseurs de la foi) accrédite pour Rousseau la thèse d'un complot universel dont il serait la victime.

Curieusement, il niera continûment le caractère subversif de son œuvre (qu'il défend pied à pied dans sa *Lettre à Christophe de Beaumont*, en novembre 1762) et préfère soutenir qu'on en veut à sa personne.

Influence de l'œuvre

Les contemporains de Rousseau ne se firent pas faute de souligner le caractère chimérique de ce «roman de l'éducation», selon un mot de Mme de Créqui; pourtant, des témoignages d'admiration (comme celui de Mirabeau, qui écrivit des *Lettres à Sophie*), parfois assortis de malheureuses tentatives d'application à la lettre des consignes du précepteur d'Émile (Christine de Suède fit ainsi élever un enfant noir, à l'écart de la société), ne manquèrent pas.

En outre, l'influence de ce traité d'éducation sur Kant (*Pédagogie*, 1776-1777), Basedow (son *Manuel élémentaire d'éducation*, en 1774, s'inspire de l'*Émile*) et Pestalozzi (1746-1827, promoteur de l'éducation populaire, partisan d'un apprentissage concret et gradué) a été considérable; la Révolution française, plus soucieuse de mettre en place une éducation nationale, se référa cependant moins à l'*Émile* qu'au *Contrat social*. Rousseau ouvre pourtant la voie à la pédagogie moderne, en particulier à cause de l'attention portée au développement de l'enfant et du souci de son épanouissement.

Quant à la *Profession de foi du vicaire savoyard*, qui renvoyait dos à dos athées et fanatiques, philosophes et chrétiens scrupuleux, elle déchaîna les uns et les autres – au lieu de les réconcilier comme se le proposait l'auteur – contre l'*Émile*. Il est probable qu'elle contribua pourtant en partie à la restauration du sentiment religieux à la fin du XVIIIe siècle.

RÉSUMÉ

Livre I : Rousseau commence par poser les fondements doctrinaux de sa pédagogie : l'opposition entre la nature (bonne, car conforme à un ordre rationnel et divin) et la société (ouvrage de l'homme, qui bouleverse et corrompt l'ordre naturel). L'éducation, rendue indispensable par la dénaturation de l'homme social, est donc paradoxalement un art destiné à préserver la nature ou plus exactement les dispositions naturelles de l'homme à sa naissance. Le cadre de l'éducation naturelle doit être la famille, car il faut autant que possible soustraire l'enfant à l'influence pernicieuse de la société. L'enfant sera par conséquent élevé à la campagne, par ses parents, et non par une nourrice. Rousseau se prononce en faveur de l'allaitement par la mère : conforme à la nature, il renforce en outre la cohésion familiale.

Rousseau imagine alors les protagonistes d'une éducation idéale : Émile est orphelin, riche, noble, en bonne santé ; l'éducateur, jeune, et entièrement dévoué à sa tâche. Il ne sera d'ailleurs pas rémunéré et n'aura jamais d'autre élève qu'Émile.

Cette première éducation consiste essentiellement à ne pas entraver la liberté de l'enfant. Rousseau condamne en particulier la pratique de l'emmaillotement, qui gêne les mouvements du nourrisson.

Livre II : Le second livre concerne l'enfant entre deux et douze ans. C'est pendant cette période qu'Émile, proche du sauvage ou de l'homme à l'état de nature, est l'objet d'une « éducation négative », que Rousseau définit comme « celle qui tend à perfectionner les organes, instruments de nos connaissances, et qui prépare à la raison par l'exercice des sens » (*Lettre à Christophe de Beaumont*). On n'exerce aucune autorité sur Émile, mais on lui fait prendre conscience de sa faiblesse et de sa dépendance : Émile apprend donc à se soumettre à la nécessité, mais on ne peut prétendre qu'il se montre doué de raison ou de sentiments. Son éducation morale se limite, au moyen d'une mise en scène orchestrée par le pédagogue, à un apprentissage des règles qui découlent du principe de propriété. Au lieu de lui inculquer des connaissances livresques, on se contentera d'aguerrir son corps (il pratique la natation, l'escalade), d'exercer son adresse, son sens de l'observation, sa capacité à s'orienter dans l'espace.

Livre III : Entre douze et quinze ans, la curiosité intellectuelle d'Émile se développe, et son précepteur va l'aider à acquérir quelques connaissances. Mais seules celles dont l'enfant peut percevoir l'utilité sont retenues : Émile découvre quelques éléments de physique, d'astronomie, de géométrie, de géographie. Les cours didactiques sont bannis : l'expérience est toujours privilégiée par rapport aux études théoriques. Le seul livre lu par Émile est *Robinson Crusoé*, dont il ambitionne d'égaler l'ingéniosité et l'indépendance.

On fait apprendre à Émile un métier manuel, celui de menuisier.

Livre IV : L'évolution d'Émile, entre seize et vingt ans, est marquée par la puberté, et donc par le développement des passions, qui naissent toutes de l'amour de soi (ou instinct de conservation, passion conforme à l'ordre naturel). Or l'amour de soi risque de dégénérer en amour-propre et celui-ci est la source des préjugés et des vices de l'état social. Mais les progrès de l'amour de soi peuvent aussi éveiller Émile à la pitié et à la bienfaisance. Le pédagogue va donc, dans ce moment crucial, favoriser chez son élève, devenu sociable, l'épanouissement de sentiments comme l'humanité, la générosité, l'amitié. L'amour du prochain sert en fait de dérivatif aux désirs sexuels naissants.

Cet apprentissage des valeurs morales est indissociable d'une initiation politique : Émile apprend à opposer à la simplicité de la nature la dépravation de l'état social. Enfin l'éducation religieuse prend, à ce stade de l'évolution intellectuelle et physiologique du jeune homme, naturellement place. Rousseau introduit alors un épisode autobiographique romancé : il donne la parole à un humble prêtre de Savoie, qui lui aurait exposé, au sortir de l'adolescence, ses principes religieux. Le vicaire savoyard est un adepte de la religion naturelle, c'est-à-dire conforme à la raison et indépendante des rites et des dogmes. Dans cette conception, Dieu est le principe de l'harmonie universelle. C'est le sentiment intérieur, la conscience, sorte d'instinct de l'âme, qui nous guide dans la distinction du bien et du mal, et nous incline à nous conformer à cet ordre naturel.

Après les deux discours du vicaire savoyard (le premier est un exposé de sa foi, le second une critique des religions révélées), l'éducation morale d'Émile se poursuit : au cours d'un entretien solennel, le pédagogue apprend à Émile les dangers du libertinage, le caractère sacré du mariage. Pour modérer ses désirs, il lui inspire de l'amour pour une femme imaginaire, un archétype qu'il appelle Sophie. Plus que jamais sous la houlette de son gouverneur, Émile se rend à Paris pour chercher la femme idéale. Il est introduit dans le monde, dont il abhorre les préjugés. Il a enfin accès à la littérature et à l'art, car il s'agit maintenant de former son goût.

Livre V : La quête d'Émile à Paris s'est avérée infructueuse. Avant de raconter la rencontre d'Émile et de Sophie, pendant le voyage de retour qui s'effectue à pied, Rousseau développe ses conceptions sur l'éducation de la femme. Celle-ci est entièrement subordonnée à son futur rôle d'épouse et de mère.

Émile fait enfin la connaissance de Sophie, dans des circonstances assez romanesques manigancées à son insu par son précepteur et les parents de la jeune fille. Ceux-ci suivent et contrôlent les progrès de l'amour des jeunes gens, qui se développe dans une atmosphère idyllique et champêtre. Mais il reste à Émile à apprendre à dominer ses passions : son gouverneur l'oblige à se séparer de Sophie pour une période de deux ans, pendant laquelle il voyage et complète sa formation politique et philosophique. Il s'agit également pour Émile d'élire une patrie : mais n'ayant trouvé de par le monde aucun État dont le système politique serait satisfaisant, il choisit de cultiver ses terres à la campagne. Émile et Sophie célèbrent leurs noces, non sans que le précepteur ne leur dispense, à propos de leur vie conjugale, ses ultimes conseils. Il est décidé qu'il vivra en compagnie d'Émile et de Sophie : mais ceux-ci élèveront leurs enfants eux-mêmes, conformément aux principes exposés dans le premier livre.

COMMENTAIRE

POUR UN NOUVEAU STATUT DE L'ENFANCE

Maturité de l'enfance

L'enfant n'est pas un homme en réduction. Rousseau s'en prend aux pédagogues et aux parents qui «cherchent toujours l'homme dans l'enfant, sans penser à ce qu'il est avant d'être homme» (Préface). La révolution essentielle de la pédagogie de Rousseau réside dans l'affirmation d'une spécificité de l'enfance : «Chaque âge, chaque état de la vie a sa perfection convenable, sa sorte de maturité qui lui est propre» (Livre I). Ainsi l'éducation de l'enfant ne consiste-t-elle pas à le faire ressembler, autant que faire se peut, à un adulte. La prétendue précocité de certains enfants ne résulte que d'une imitation sans profit de leurs aînés. Ce qu'on leur inculque de force est, au mieux, mal compris ou mal assimilé ; au pire, on les pervertit, et ils deviennent bavards et vaniteux. Ainsi les

Fables de La Fontaine, de par leur vocabulaire, leur style poétique, et leur morale, sont-elles inaccessibles aux enfants. Le catéchisme qu'on leur destine est également hors de leur portée, et Rousseau n'hésite pas à affirmer que « tout enfant qui croit en Dieu est [...] nécessairement idolâtre » (Livre IV).

L'éducation naturelle a donc pour objectif un épanouissement de l'enfant selon les goûts et les capacités de son âge, et non ceux de l'adulte. « L'enfance a des manières de voir, de penser, de sentir qui lui sont propres », déclarait Julie dans *La Nouvelle Héloïse*. Pour les respecter, il faut commencer par les connaître, et pour cela observer les enfants. Rousseau, qui constate dès sa préface qu'on ne connaît point « l'enfance », affirme par ailleurs l'importance, dans son étude, de l'observation directe : « Au lieu de me livrer à l'esprit de système, je donne le moins possible au raisonnement et ne me fie qu'à l'observation » (Livre IV).

Les différents stades du développement

L'observation des enfants conduit Rousseau à insister sur la notion de processus. L'enfant n'est pas d'emblée doté des facultés rationnelles et émotives de l'adulte. Le débat entre Rousseau et Locke, qui conseillait de convaincre les enfants au moyen d'arguments rationnels, porte sur ce point capital. Rousseau met en rapport l'apparition et le développement de la raison et du sentiment avec les transformations physiologiques qui interviennent dans les vingt-cinq premières années de la vie : à une conception idéaliste, Rousseau oppose un sensualisme (proche de celui de Condillac). Nos idées sont générées par les impressions produites, dès la naissance, par nos sens. Ce primat de la sensation est plusieurs fois affirmé, au début du livre I (« Nous naissons sensibles, et dès notre naissance nous sommes affectés de diverses manières par les objets qui nous environnent »), ou dans la *Profession de foi du vicaire savoyard*.

Les principes de l'« éducation négative » découlent de ce premier postulat. Il s'agit avant tout de ne pas contrarier « le développement interne de nos facultés et de nos organes », que Rousseau appelle aussi « l'éducation de la nature ». Jusqu'à l'âge de douze ans, il ne faut que favoriser l'usage par l'enfant de ses cinq sens, et pour cela fortifier son corps. Rousseau appelle ce stade du développement l'âge de la nécessité, car l'enfant doit prendre la mesure de sa faiblesse, c'est-à-dire s'habituer « à borner [ses] désirs à [ses] forces ». Le deuxième stade du développement de l'enfant, ou « âge de l'utilité », s'arrête avec la puberté, que Rousseau, pour un enfant éloigné de la corruption des villes, situe à l'âge de seize ans. Cet âge se caractérise par le développement des forces physiques, qui excèdent encore ses désirs, car l'imagination n'a pas encore pris son essor ; cette période est donc propice à l'acquisition de connaissances «naturelles et purement physiques», qui forment son jugement : l'enseignement technique est alors privilégié (c'est une idée nouvelle à l'époque), et l'apprentissage d'un métier manuel – celui de menuisier – intervient. Cette formation n'est pas dénuée de valeur morale : l'enfant de cet âge apprend à mépriser les choses frivoles («il n'y a point d'honnêteté sans utilité») et les préjugés : il verra en l'artisan son égal. Il éprouve «le mépris des choses inutiles, jamais il ne voudra consumer son temps en travaux de nulle valeur». Ses relations au monde se limitent alors (et l'on peut s'en étonner) aux choses : Émile, à quinze ans, n'a encore accès ni aux connaissances abstraites ni aux relations avec autrui. La puberté, que Rousseau appelle une «crise», une «révolution», une «seconde naissance», risque de ruiner tous les acquis de l'éducation naturelle.

L'importance accordée par Rousseau à la sexualité dans la conception de l'adolescence est totalement novatrice. Force est cependant de constater que le rôle du précepteur, qui s'accroît considérablement dans cette période, consiste avant tout à canaliser, retarder, dévier, les désirs de son élève. Le désir sexuel, selon Rousseau, participe de l'amour de soi, sentiment naturel qui favorise la perpétuation de l'espèce. Mais dans l'état social, le désir sexuel se transforme en amour : celui-ci est à l'origine de la vanité, de la rivalité, de la jalousie. En outre, il est probable que Rousseau associe la sexualité au mal, à la souffrance et à la mort, et sa volonté d'éviter à tout prix que l'adolescent ne se masturbe évoque le rigorisme du siècle suivant. Il s'agit donc de faire le plus possible – à peu près jusqu'à l'âge de vingt ans – diversion aux désirs naissants d'Émile, d'abord par la chasse, puis par la bienfaisance, et par le resserrement des liens avec son précepteur : l'amitié et l'humanité ont en effet partie liée avec ce développement de l'amour de soi qui prédispose Émile à l'inter-subjectivité. Un des paradoxes de l'éducation d'Émile est le revirement de la méthode employée par le précepteur avant et après le cap des seize ans. Tout ce qui avait été banni de l'éducation de l'homme naturel est réintroduit : l'affectivité, l'éloquence (le précepteur va employer avec Émile un tout autre langage), la religion, les arts, la littérature et même les règles de la vie mondaine sont désormais accessibles à Émile doué de raison et de sentiment.

Les droits de l'enfant

Cette nouvelle définition de l'enfance amène Rousseau à reconsidérer les devoirs des adultes envers elle. L'éducation naturelle consiste en effet à n'enseigner à l'enfant que ce vers quoi l'inclinent les goûts et les désirs de son âge. La contrainte, de même que l'autorité et la violence,sont bannies. Non seulement le bonheur de l'enfant est le signe de la conformité de l'éducation qu'il reçoit avec sa nature, mais il est un devoir : le taux extrêmement élevé de la mortalité infantile (quarante-trois pour cent en 1741) devrait inciter à ne pas tant éduquer l'enfant en fonction de l'homme qu'il ne sera peut-être jamais, mais de sorte qu'il jouisse de l'instant présent : «Hommes, soyez humains, c'est votre premier devoir [...]. Aimez l'enfance, favorisez ses jeux, ses plaisirs, son aimable instinct» (Livre II). Rousseau oppose plusieurs fois le portrait de son élève avec celui d'un enfant élevé selon les méthodes traditionnelles ; l'épanouissement d'Émile fait éclater la supériorité de son éducation : «il est parvenu à la maturité de l'enfance, il n'a point acheté sa perfection aux dépens de son bonheur : au contraire ils ont concouru l'un à l'autre. En acquérant toute la raison de son âge il a été heureux et libre autant que sa constitution lui permet de l'être.»

Enfin, dans le dernier livre, le précepteur fait le bilan de l'éducation de son élève en lui assignant précisément comme finalité le bonheur : «Il faut être heureux mon cher Émile ; c'est la fin de tout être sensible.»

UN APPRENTISSAGE DE LA LIBERTÉ

Pédagogie et politique

La réflexion de Rousseau sur l'éducation est inséparable de sa pensée politique. Il écrivit le *Contrat social* en même temps que l'*Émile*; on trouve d'ailleurs au livre V un résumé des thèses du *Contrat social*. Rousseau affirme par ailleurs : «Il faut étudier la société par les hommes, et les hommes par la société. Ceux qui voudront traiter séparément la politique et la morale n'entendront jamais rien à aucune des deux» (Livre IV). L'*Émile* est donc à la fois un traité d'éducation et de philosophie politique.

Il s'agit en effet à la fois d'un «traité de la bonté primitive de l'homme», et la formation, en l'absence d'une société juste (issue d'un contrat tel que Rousseau le définit dans le *Contrat social*), d'un homme nouveau :

Émile serait apte à faire advenir cette société démocratique – d'autant plus que «nous approchons de l'état de crise et du siècle des révolutions» (Livre III). On lui apprend, avec le métier d'artisan, à mépriser les préjugés et les distinctions sociales. Dans *Les Solitaires* (roman par lettres inachevé qui devait faire suite à l'*Émile*), il organise même une grève. Mais si la société devait rester corrompue, Émile pourra toujours dans sa famille et son domaine, aussi autarcique que Clarens (dans *La Nouvelle Héloïse*), appliquer une morale en accord avec la raison et la nature, conditions nécessaires du bonheur et de la liberté, individuelle ou collective.

Émile, ou le bon sauvage

L'évolution d'Émile reproduit celle de l'humanité, telle que Rousseau l'a décrite dans le *Discours sur l'origine de l'inégalité*. C'est dans cette mesure que l'*Émile* est une anthropologie : l'enfant a toutes les caractéristiques de l'homme à l'état de nature. Il est libre de ses mouvements (la condamnation de la pratique du maillot repose sur un refus d'entraver cette liberté naturelle), sain (l'enfant élevé au contact de la nature ne sera pas débile ; d'ailleurs le précepteur refuse de se charger d'un enfant malade) ; il est bon (car, dépourvu de raison, il ignore la distinction entre le bien et le mal). Émile, n'étant pas soumis à l'autorité et ayant conscience de sa faiblesse, ignore le mensonge, l'orgueil, les caprices, la méchanceté. Il est heureux, car ses désirs ne sont pas disproportionnés par rapport à ses facultés. Ni l'imagination ni la mémoire n'ont accru artificiellement ses besoins. La félicité de l'enfant, comme celle de l'homme à l'état de nature (ou comme celle que Rousseau expérimente dans la cinquième rêverie du promeneur solitaire), tient à sa capacité à s'absorber dans l'instant (Émile, à douze ans, est «tout entier à son être actuel»). Enfin, il est seul et indépendant : jusqu'à l'âge de quinze ans, Émile n'entretient aucune relation affective avec son entourage («l'homme naturel est tout pour lui»). Le concept d'état de nature croisant souvent l'image mythique du bon sauvage, on suppose à l'enfant les mêmes goûts et comportements que ceux des hommes des peuplades primitives (Émile, par exemple, pas plus que les sauvages ou les animaux, n'a peur de mourir).

La première initiation d'Émile à la vie sociale consiste à lui faire découvrir (par une expérience concrète qui suppose, de la part du précepteur, une véritable mise en scène) les principes du droit de propriété : c'est en effet la lente acquisition de cette notion par l'humanité qui fut à l'origine de la fin de l'état de nature. Mais on peut remarquer que ce droit de propriété, tel que le précepteur l'inculque à Émile, repose sur le travail («on voit comment l'idée de propriété remonte naturellement au droit du premier occupant par le travail»), et non sur une convention injuste au bénéfice du plus fort.

De quinze à vingt-cinq ans s'effectue véritablement le passage, pour Émile, de l'état de nature à l'état social; on a vu que cette évolution était à la fois accidentelle et nécessaire, puisqu'elle naissait du développement de l'amour de soi, passion innée qui pouvait se transformer en orgueil, ou au contraire en amour et générosité. Grâce à l'éducation qu'il a reçue, cette dénaturation d'Émile n'est pas une corruption. L'accomplissement de l'éducation naturelle est en effet éthique : il s'agit de définir une morale conforme à la raison et à la nature, qui dicte à Émile ses devoirs d'homme, de père, d'époux et de citoyen (le mariage est en effet un pacte social). Ainsi le paradoxe de l'éducation d'Émile («Il faut beaucoup d'art pour empêcher l'homme de devenir tout à fait artificiel») est-il exactement le même que celui du contrat social : il s'agit pour Émile de préserver sa liberté en l'aliénant volontairement à la raison – dont son précepteur est l'incarnation. Tel est le sens du pacte solennel entre le précepteur et son élève, transposition, au niveau individuel, du contrat social qui devrait unir les citoyens.

Homme ou citoyen ?

Un des paradoxes essentiels de l'éducation idéale est que l'homme naturel qu'est resté Émile est appelé à vivre dans une société corrompue.

La solution de cette contradiction est double. Dans un premier temps, aucune concession avec le monde tel qu'il va n'est consentie. Jusqu'à vingt ans, Émile vit totalement isolé – puisque Rousseau va même jusqu'à l'imaginer orphelin, et que les serviteurs ne parlent et n'agissent que comme le précepteur le leur a prescrit. Le cadre familial et privé de cette éducation a évidemment été choisi en l'absence d'une véritable éducation publique, impossible dans le système politique alors en vigueur. Les collèges et les couvents ne sont en effet que des écoles du préjugé et du vice : «L'institution publique n'existe plus et ne peut plus exister; parce qu'où il n'y a plus de patrie il ne peut plus y avoir de citoyens.» Aussi Rousseau renonce-t-il à faire d'Émile un citoyen : «Forcé de combattre la nature ou les institutions sociales, il faut opter entre faire un homme et un citoyen» (Livre I).

Mais dans un deuxième temps, Émile, éduqué contre le monde, est capable de composer avec lui. On peut s'étonner de la rapidité avec laquelle Émile, introduit dans la société parisienne, en apprend les usages sans déroger aux règles de son éducation; il acquiert en un temps record les connaissances (de la littérature au latin) dont on l'avait dispensé jusque-là. Enfin la vie que choisit Émile est conforme à cette restauration ambiguë des lois sociales : certes, Émile, qui n'a pas trouvé de patrie idéale, vivra loin des villes; mais il rétablira «l'âge d'or» dans son domaine : il se rendra «utile» à ses concitoyens en faisant régner autour de lui l'abondance. Il sera respectueux des «simulacres de lois» de son pays, qu'il sera prêt à servir : «Si le Prince ou l'État t'appelle au service de la patrie, quitte tout pour aller remplir dans le poste qu'on t'assigne l'honorable fonction de citoyen.» Ainsi le dilemme posé dans le premier livre (Émile sera-t-il homme ou citoyen?) se résout par une réconciliation de l'homme naturel et de l'homme social.

Fondements métaphysiques de la pédagogie de Rousseau : la *Profession de foi du vicaire savoyard*

Après avoir démontré que toute éducation religieuse est inutile, et même nuisible, pour les enfants, tant que leur maturité intellectuelle ne leur permet pas de concevoir des idées abstraites (c'est-à-dire avant l'âge de quinze ans), et précisé qu'Émile ne sera élevé dans aucune religion particulière («nous ne l'agrégerons ni à celle-ci, ni à celle-là, mais nous le mettrons en état de choisir celle où le meilleur usage de sa raison doit le conduire»), Rousseau introduit l'épisode du vicaire savoyard.

On peut se demander pourquoi Rousseau a choisi ce détour pour exposer ses opinions religieuses. Il a peut-être délégué sa parole au vicaire savoyard (personnage qui, comme il nous le révèle dans *Les Confessions*, est né de la synthèse de plusieurs prêtres qu'il a connus dans son adolescence, l'abbé Gâtier et l'abbé Gaime) par prudence. Ainsi, à la fin de l'épisode, il précise que ce n'est pas «une règle des sentiments qu'on doit avoir en matière de religion, mais un exemple de la manière dont on peut raisonner avec son élève». Mais ce curieux épisode permet aussi à Rousseau d'introduire dans ce traité d'éducation qui fait déjà tant de concessions au romanesque une parenthèse autobiographique : Rousseau est bien ce jeune calviniste qui a abjuré sa foi «pour avoir du pain». La version des faits est cependant sensiblement différente de celle donnée dans *Les Confessions* (l'évasion de l'hospice avec l'aide du vicaire n'y apparaît pas), et on peut estimer, malgré l'aveu de Rousseau («ce malheureux fugitif, c'est moi-même»), que ce passage se situe à mi-chemin entre le roman et l'autobiographie. Les circonstances romanesques de ce discours du vicaire (hors de la ville, à l'aube, sur une colline) ne sont pas non plus indifférentes : la contemplation de la nature joue un rôle fondamental dans le sentiment religieux de Rousseau tel qu'il l'expose par exemple dans la troisième lettre à Malesherbes ou dans la septième *Rêverie du Promeneur Solitaire*. De plus, le choix d'un personnage humble pour exposer sa doctrine confirme la répudiation des livres et de la philosophie, jugés inaptes à délivrer une morale sûre. Enfin le choix d'une conversation fictive plutôt que d'un exposé doctrinal permet à Rousseau de passer progressivement du ton de la neutralité philosophique à celui de la déclamation inspirée : l'hymne à la conscience («Conscience, conscience! instinct divin») prononcé par le vicaire confirme encore ce primat de l'affectivité dans le sentiment religieux rousseauiste.

La *Profession de foi du vicaire savoyard* se décompose en deux parties. Dans la première, le vicaire retrace la généalogie de sa foi. Il adopte une démarche qui rappelle celle du *Discours de la méthode* (auquel il fait explicitement référence). Partant d'un état de doute radical, et après avoir fait table rase de tous les systèmes philosophiques, il aboutit à une proposition qui va servir de fondement à toute sa doctrine : mais un postulat sensualiste* («j'existe et j'ai des sens par lesquels je suis affecté») remplace le cogito cartésien. Guidé par le sentiment intérieur, absolu, irréfutable et incontrôlable («il ne dépend pas de moi de croire»), le vicaire savoyard affirme l'harmonie de l'univers, ordonné par une puissance supérieure : «À quels yeux non prévenus l'ordre sensible de l'univers n'annonce-t-il pas une suprême intelligence ?» Il convoque les arguments classiques de la littérature religieuse, l'argument cosmologique du premier moteur (Dieu est la cause du premier mouvement) et l'argument téléologique* ou des causes finales : Dieu est le principe d'organisation de l'univers. La réfutation du matérialisme (en particulier de l'argument épicurien, repris par Diderot, de l'intervention du hasard dans la formation de l'univers) ne passe pas par l'élaboration d'un système ; c'est la résistance du sentiment intérieur qui empêche d'y adhérer. La conscience, définie comme «l'instinct de l'âme», dicte à l'homme qui n'est pas égaré par les sophismes de la raison ses règles de conduite : «Tout ce que je sens être bien est bien, tout ce que je sens être mal est mal.»

La raison n'est pourtant pas définitivement écartée ; épurée des maximes de la société, elle ne peut que confirmer les décrets de la conscience : «Nous reverrons les mêmes objets à la lumière de la raison tels que nous les montrait d'abord la nature.» La morale consiste en effet à se conformer à un ordre naturel, rationnel et divin. Ce déisme (qui n'est pas fondamentalement différent du déisme voltairien) est par ailleurs assez conformiste : le vicaire, après un long détour par le sentiment intérieur, rétablit un christianisme de bon aloi, qui proclame la bonté et la toute-puissance de Dieu. Du christianisme traditionnel, Rousseau écarte seulement les dogmes du péché originel et de la chute.

Si la première partie de la profession de foi devait heurter les anciens amis matérialistes et athées de Rousseau, comme Diderot, la seconde scandalisa les croyants. Le vicaire expose en effet les principes de la religion naturelle. Son culte se résume à contempler l'ordre de l'univers et à s'y soumettre : le vicaire ne prie pas, ne croit ni aux dogmes ni aux miracles, ne révère ni l'autorité de la Bible ni celle de l'Église. Après avoir soutenu que le judaïsme et le mahométanisme avaient plus de vraisemblance que le christianisme, dénoncé la persécution des juifs et prôné l'établissement d'une religion unique et universelle, le vicaire enjoint son disciple à rentrer chez lui et à reprendre la religion de ses pères.

LE ROMAN D'ÉMILE ET DE SOPHIE

Sophie, ou la femme

Rousseau, qui avait d'abord envisagé d'élever Émile et Sophie ensemble, et par conséquent de traiter simultanément l'éducation du petit garçon et celle de la petite fille, n'a en définitive consacré à celle-ci qu'une partie du cinquième livre, intitulée «Sophie ou la Femme». Cette relégation est à l'image du statut de la femme selon Rousseau ; la place de la femme dans «l'ordre physique et moral» (c'est-à-dire selon la nature et la raison) est étroitement subordonnée à celle de l'homme : «Après avoir tâché de former l'homme naturel, pour ne pas laisser imparfait notre ouvrage, voyons comment doit se former aussi la femme qui convient à cet homme.»

Rousseau affirme d'abord avec force l'idée de différence sexuelle et de complémentarité des sexes, ce qui lui permet d'éluder la question de l'égalité de l'homme et de la femme, cheval de bataille de la plupart des Encyclopédistes. Les «lois naturelles» qu'il convoque ensuite (non sans les étayer, à plusieurs reprises, des décrets de «l'Être suprême») sont bien les alibis du préjugé et les garants de l'ordre établi. Ainsi la Nature a-t-elle donné aux femmes la pudeur afin de modérer des «désirs illimités» qui risqueraient, sans ce frein, d'épuiser l'homme et mettraient même en péril l'espèce humaine. La femme est donc portée aux excès, et elle est naturellement fausse, car l'art de la dissimulation (et de la politesse) lui a été donné pour contrebalancer la force virile : «la ruse est un talent naturel au sexe.»

L'éducation de Sophie prend donc le contrepied de celle d'Émile : plutôt que d'un apprentissage de la liberté, il s'agit d'un dressage. On lui inculque surtout l'obéissance («la dépendance étant un état naturel aux femmes, elles se sentent faites pour obéir»), et les connaissances dont on la pourvoit sont subordonnées à deux impératifs : plaire, et, plus tard, égayer son foyer : «Toute l'éducation des femmes doit être relative aux hommes.» Les travaux d'aiguille et les arts d'agrément sont donc privilégiés ; Émile s'ennuierait auprès d'une compagne inculte, que l'ignorance ne rendrait d'ailleurs pas plus vertueuse : la femme n'a accès aux idées morales que par son sens du beau et de l'agréable, que l'on développe en cultivant ses talents.

L'éducation religieuse de Sophie est plus précoce, et plus conventionnelle que celle d'Émile ; il s'agit surtout de lui apprendre «les devoirs que lui impose la loi de Dieu» et que lui dictent les autorités ecclésiastiques : «Hors d'état d'être juges elles-mêmes, elles doivent recevoir la décision des pères, des maris, comme celle de l'Église.» Bien plus, au lieu de former son jugement (elle est d'ailleurs plus intuitive que rationnelle), on l'habitue, contrairement à Émile, à se soumettre aux arrêts de l'opinion. La femme, dont la destination est d'être mère et pilier de la famille, institution qui est le fondement de la société civile, doit en effet non seulement être chaste mais être considérée comme telle : le souci de sa réputation est un de ses premiers devoirs.

Rousseau tente de réduire l'opposition flagrante entre l'éducation d'Émile et celle de Sophie en soulignant que la conformité de cet assujettissement de la femme à la nature et à la raison est clairement signalée par les décrets du «sentiment intérieur» (sauf, évidemment, chez les femmes dénaturées, les beaux-esprits parisiens) : «L'obéissance et la fidélité qu'elle doit à son mari, la tendresse et les soins qu'elle doit à ses enfants sont des conséquences si naturelles et si sensibles de sa condition, qu'elle ne peut sans mauvaise foi refuser son consentement au sentiment intérieur qui la guide, ni méconnaître le devoir dans le penchant qui n'est point encore altéré. »

Sur les traces de Télémaque

Est-ce parce que sa nature l'inscrit dans l'ordre du corps et du désir que Sophie accède d'emblée au romanesque ? Cette nouvelle élève imaginaire n'est pas, comme Émile, une hypothèse d'école. Elle a des parents, eux-mêmes dotés d'un passé romanesque : un mariage inégal (le père de Sophie était riche et roturier, sa mère noble et pauvre), une ruine financière, les ont contraints à se retirer à la campagne.

La rencontre des deux jeunes gens, quoique manigancée à leur insu par le précepteur, avec la complicité des parents de Sophie, a toutes les caractéristiques de celle de héros de roman : Émile et son gouverneur se sont égarés, ils sont surpris par la pluie, ils demandent l'hospitalité, ils sont accueillis par les parents de Sophie ; le père fait à table le récit de sa vie. La référence aux *Aventures de Télémaque* (et en particulier à l'épisode où le fils d'Ulysse aborde dans l'île de Calypso) est explicite et récurrente. D'ailleurs, Bernardin de Saint-Pierre, dans un roman inachevé intitulé *L'Arcadie*, né de conversations avec Jean-Jacques Rousseau, a transposé cet épisode de l'*Émile* dans la Grèce idyllique et stéréotypée des pastorales*.

Le gouverneur tient avec complaisance « le journal (des) amours » d'Émile et de Sophie, qui durent l'espace d'un été enchanté : premiers baisers, goûters dans des fermes des environs, qui rappellent ceux de Clarens, brouilles et réconciliations des amants, scènes champêtres saturées de souvenirs littéraires – d'Homère à Sannazaro – (lorsqu'Émile et Sophie rivalisent à la course), tableaux touchants d'Émile surpris par Sophie en train de travailler dans un atelier de menuiserie, de Sophie se livrant aux délices de la bienfaisance. Rousseau retrouve parfois le ton lyrique de certaines lettres de la première partie de *La Nouvelle Héloïse*, pour peindre cette alliance de « l'amour et de l'innocence », qui précède la satisfaction du désir, et qui est, selon Rousseau, l'acmé fugitive du bonheur : « Tant d'images charmantes m'enivrent, je les rassemble sans ordre et sans suite, le délire qu'elles me causent m'empêche de les lier. Oh qui est-ce qui a un cœur, et qui ne saura faire en lui-même le tableau délicieux des situations diverses du père, de la mère, de la fille du gouverneur, de l'élève... »

Si la pieuse, vertueuse et charitable Sophie est une pâle doublure de l'inquiète Julie, Émile n'est pas sans emprunter quelques traits à Saint-Preux : autre émule d'Abélard*, il se fait le précepteur de sa belle ; la séparation des amants imposée par le gouverneur permet à Rousseau de dérouler à nouveau le motif élégiaque* des adieux, plusieurs fois modulé dans *La Nouvelle Héloïse*. Enfin un voyage de plusieurs années rendra à Sophie, comme à Julie, un philosophe mûri par la fréquentation des hommes et le spectacle de l'injustice.

Les Solitaires

L'ouvrage s'achève par le mariage des jeunes gens, les derniers conseils du précepteur, et la nouvelle de la grossesse de Sophie. Un avenir sans nuage se dessine, couronnement d'une éducation accomplie : Émile élèvera lui-même son fils, le gouverneur restera auprès du jeune couple. La tentation de donner une suite romanesque au traité d'éducation se fait jour («pour honorer leurs vertus, pour peindre leur félicité, il faudrait faire l'histoire de leur vie»); mais rien ne laisse présager les catastrophes qui vont s'abattre sur le couple dans le roman épistolaire entrepris par Rousseau aussitôt après la fin de la rédaction de l'*Émile*. Le titre de ce roman inachevé, dont on ne possède que deux lettres, adressées par Émile à son précepteur, est «Émile et Sophie, ou les Solitaires».

La mise à l'épreuve de ces deux parangons de vertu et de sagesse est cruelle : la mort d'un enfant, puis de sa mère, plonge Sophie dans le désespoir. Émile, pour faire diversion à la tristesse de sa femme, l'emmène à Paris. La corruption de la capitale contamine les époux. Ils s'éloignent l'un de l'autre, et Sophie, infidèle dans des circonstances mal éclaircies, attend un enfant adultère. Émile abandonne Sophie (à laquelle la famille d'Émile arrache son enfant légitime, qui en meurt), erre de par le monde, vivant du travail de ses bras. Il se retrouve finalement esclave en pays musulman, dans la plus pure tradition du roman traditionnel. Il y organise une grève – ce qui lui vaut de supplanter le contremaître et de devenir le conseiller du Dey d'Alger. Le projet de Rousseau semble avoir été de réunir, peut-être dans une île déserte – ce qui expliquerait le titre –, Sophie repentante et Émile, nouveau Robinson.

On peut s'interroger sur les motifs qui ont poussé Rousseau à convertir un ouvrage philosophique en un imbroglio aussi rocambolesque, et surtout à noircir avec autant d'acharnement la sérénité à laquelle aboutit l'*Émile*, résultat et légitimation d'une éducation conduite selon les lois de la nature et de la raison. En premier lieu, on peut penser que l'expérience du malheur (qui est de l'ordre de l'accident, de la contingence, et par conséquent du romanesque) est la contre-épreuve de l'éducation d'Émile. Les tribulations de celui-ci lui permettront en effet de faire la démonstration de l'excellence de la méthode de son précepteur : «Vous m'aviez fait acquérir l'instrument universel, tantôt paysan, tantôt artisan, tantôt artiste [...] j'avais partout quelque connaissance de mise.» Robuste et frugal, il supporte sans peine les privations et l'effort; s'étant volontairement dépouillé de tout, il éprouve, en stoïcien* et en ascète, sa liberté, même au bagne; enfin, en esclavage, ce lecteur du *Contrat social* tente de dégager, de la détresse de ses compagnons d'infortune, une volonté générale.

En second lieu, on peut se demander si la déréliction d'Émile, errant seul au hasard des routes, ne fait pas écho à la crise que traverse Rousseau, bientôt exilé et proscrit, après la condamnation de son ouvrage. Émile tire des leçons de sa jeunesse la faculté de se plier à la nécessité et de s'absorber dans l'instant présent, sans se projeter par l'imagination ni dans le passé ni dans l'avenir : le bonheur consiste dans le sentiment de sa propre existence. Rousseau, à l'île Saint-Pierre, fera une expérience similaire. Ne prête-t-il pas au désespoir d'Émile des accents et une dialectique que l'on retrouvera dans *Les Rêveries du promeneur solitaire* : «Délivré de l'inquiétude et de l'espérance, et sûr de perdre ainsi peu à peu celle du désir, en voyant que le passé ne m'était plus rien, je tâchais de me mettre tout à fait dans l'état d'un homme qui commence à vivre.»

LE ROMAN DES «BELLES ÂMES»

La Nouvelle Héloïse (1761)

Les circonstances de la composition de *La Nouvelle Héloïse*

La Nouvelle Héloïse est la seule œuvre dont Rousseau ait rendu compte, de façon détaillée, de la genèse. Dans le neuvième livre des *Confessions*, il s'attarde longuement sur les circonstances de cet épanchement tardif de son imagination romanesque : après la publication de ses deux *Discours*, qui lui ont assuré la réputation d'un Caton moderne, d'un moraliste inflexible, il s'est retiré à l'Ermitage, dans une campagne qui lui rappelle les Charmettes, sans les égaler. La solitude favorise l'affleurement des souvenirs ; Rousseau songe qu'il a quarante-quatre ans et éprouve une insatisfaction vague : «Je me voyais atteindre aux portes de la vieillesse et mourir sans avoir vécu» (*Les Confessions*, Livre IX). Cette crise existentielle, le cadre champêtre favorable à la nostalgie arcadique l'amènent à concevoir deux «ravissantes images» : Claire et Julie, figures idéales et complémentaires, sont à la fois une synthèse de ses souvenirs et un dédommagement par l'imaginaire d'une réalité décevante. Après avoir tenté en vain d'écarter ces «chimères», épris de ses créatures et bientôt de Mme d'Houdetot, à laquelle il prête tous les charmes de Julie, il rédige dans l'enthousiasme, pendant l'hiver de 1756-1757, les deux premières parties de *La Nouvelle Héloïse*.

RÉSUMÉ

Première partie (65 lettres)
Le précepteur de Julie d'Étange (on ignore le nom véritable du héros ; «Saint-Preux» est un pseudonyme, imaginé plus tard par Claire et Julie) adresse à son élève trois lettres, dans lesquelles il lui

déclare un amour reconnu d'emblée comme la marque d'un «destin». Il veut fuir, ou mourir. Pour le retenir, puis pour lui sauver la vie, Julie rompt le silence, et laisse à son tour échapper l'aveu de son amour. Combattue par le remords et la crainte du déshonneur, elle en appelle à la générosité de Saint-Preux, et lui confie le soin de préserver sa vertu. Sa cousine Claire, à laquelle elle se confie, promet de l'aider à résister à la tentation et lui rappelle que cet amour est sans issue : le baron d'Étange, entiché de sa noblesse, ne consentira jamais à donner sa fille à un roturier.

Julie et Saint-Preux partagent pendant deux mois les délices d'un amour réciproque, mais chaste, qui comble la vertueuse Julie, mais laisse Saint-Preux quelque peu insatisfait. Un baiser donné dans un bosquet (Lettres 13 et 14) embrase le désir du jeune homme, que Julie juge bon d'éloigner provisoirement. Saint-Preux tempère d'abord la douleur de l'absence en communiquant à Julie les observations que lui suggère son voyage dans le pays de Vaud; chez les Montagnons, habitants du Haut-Valais, il admire les vertus d'une société patriarcale préservée de la corruption des villes (Lettre 23). Mais une sombre mélancolie s'empare bientôt de Saint-Preux, qui, de la Meillerie, sur le bord du lac Léman, fait part à Julie de son désespoir. Julie, craignant pour la vie de celui qu'elle aime et accablée par la nouvelle de la promesse de mariage conclue par son père avec un de ses amis, tombe malade. Claire, la croyant en danger de mort, rappelle Saint-Preux; Julie devient sa maîtresse, mais l'extase des amants est modérée par les remords et les tristes pressentiments de Julie. Mais si le bonheur, indissociable de l'innocence, a fui, Julie et Saint-Preux savourent pendant quelques mois les charmes d'une liaison clandestine et les émotions des âmes sensibles : la bienfaisance, l'amitié (entre Julie et Claire, entre Saint-Preux et un lord anglais rencontré en voyage, Edouard Bomston), de la découverte de la musique italienne.

Mais une dispute entre Saint-Preux et Milord Edouard, à propos de Julie, manque de faire éclater le scandale; Julie réussit à éviter un duel en révélant à Edouard, en dépit des convenances, sa liaison avec son précepteur. Aussi généreux et anticonformiste qu'elle, Edouard offre non seulement réparation à Saint-Preux, mais tente d'obtenir du baron d'Étange son consentement au mariage de Julie et de son ami, qu'il se propose de doter richement. Le fiancé de Claire, M. d'Orbe, et même le père de celle-ci, intercèdent en faveur du roturier : ces propositions n'ont pour effet que d'exaspérer le baron, qui interdit à sa fille de revoir Saint-Preux. Une scène violente a lieu entre le père et la fille, bientôt suivie d'une réconciliation attendrie. Mais Julie, souffletée par le baron, est tombée : elle perd l'enfant qu'elle portait, et sur lequel elle fondait l'espoir d'obliger son père à accepter son mariage avec son amant. Désespérée, elle demande à Claire de se charger d'éloigner celui-ci. Avec la complicité de M. d'Orbe et de Milord Edouard, Saint-Preux est emmené de force loin de Clarens.

Deuxième partie (28 lettres)

Saint-Preux, égaré par le chagrin, adresse à Julie une lettre pleine de reproches. Milord Edouard, qui l'accompagne et l'entoure de sa sollicitude, donne à Claire des nouvelles du malheureux amant, et presse Julie de fuir en Angleterre, pour s'établir dans une terre qu'il met à sa disposition. Julie, violemment tentée, demande conseil à Claire, qui, pour toute réponse, se dispose à l'accompagner, même si elle doit renoncer à son propre mariage. Julie, au nom de l'amour filial, finit par repousser la proposition de Milord Edouard et, secondée par Claire, engage Saint-Preux à modérer son désespoir et à s'avancer dans le monde afin de se rendre digne d'elle. Les maximes de la «prêcheuse» serviront au jeune homme de bréviaire dans ses périples.

Tandis que Milord Edouard se rend à Rome, Saint-Preux arrive à Paris. Il fait de la capitale et de la vie mondaine une description mordante (Lettres 14 à 18). Julie se moque de l'éloquence déployée par Saint-Preux pour faire la satire du bel-esprit : serait-il corrompu par le monde qu'il affecte de mépriser ? Elle lui annonce le mariage de Claire, lui envoie son portrait : Saint-Preux, d'abord transporté, le trouve infidèle et indécent, et le fait corriger par un peintre. Mais le censeur inflexible est pris en défaut : il avoue à Julie qu'il s'est laissé entraîner, à corps défendant, dans un lieu de débauche. Julie apaise ses remords déchirants mais souligne le relâchement moral dont il lui semble que les lettres de son amant témoignent. Un coup de théâtre clôt la deuxième partie : la correspondance des amants a été surprise par la mère de Julie.

Troisième partie (26 lettres)

Mme d'Étange est mourante : Claire arrache à Saint-Preux la promesse de renoncer à Julie. Mme d'Étange, émue par la lettre que lui envoie le jeune homme, envisage de tenter de fléchir son mari ; sa mort ôte aux amants leur dernier espoir, et Julie, accablée de remords, décide d'interrompre tout commerce avec Saint-Preux, tandis que Claire ainsi que Milord Edouard s'efforcent à nouveau de tempérer le désespoir de Saint-Preux et de le détourner du suicide. Saint-Preux accorde précipitamment à Julie l'autorisation de se marier, qu'elle lui demande dans un billet dicté par son père et accompagné d'une lettre insultante du baron. Brisée, Julie contracte la petite vérole. Saint-Preux obtient de Claire l'autorisation de voir Julie en proie au délire et s'inocule volontairement, par un baiser, la maladie de sa maîtresse. Julie, convalescente, en vient à envisager d'épouser M. de Wolmar, que lui destine son père, et à devenir la maîtresse adultère de Saint-Preux qui repousse une solution aussi dégradante. Julie épouse enfin M. de Wolmar. Elle fait part à Saint-Preux de la régénération morale qu'a occasionnée en elle la cérémonie religieuse : elle renonce à Saint-Preux, et lui demande de ne plus lui écrire (Lettre 19 et 20). Celui-ci est une nouvelle fois sauvé du suicide par Milord Edouard qui l'engage à effectuer un voyage autour du monde.

Quatrième partie (17 lettres)

Quatre années se sont écoulées. Claire, mère d'une petite fille, est devenue veuve. Les deux amies projettent de vivre ensemble à Clarens, où Julie s'est établie avec M. de Wolmar, dont elle a eu deux enfants. Saint-Preux annonce alors à Claire son retour : il désire revoir Julie. M. de Wolmar, à qui sa femme a tout dit, offre l'hospitalité à l'ancien amant de Julie. L'accueil qui lui est réservé à Clarens est en effet des plus chaleureux. Mais Mme de Wolmar n'est plus Julie. Saint-Preux, touché par la confiance de Wolmar, pénétré de respect pour la mère de famille, troublé par les souvenirs du passé, confie à Milord Edouard l'ambivalence de ses sentiments, tandis que Mme de Wolmar et Mme d'Orbe commentent avec satisfaction la métamorphose de leur ancien précepteur. Saint-Preux, installé à Clarens, rend compte à Milord Edouard de l'organisation domestique du domaine (Lettre 10). La culture de leurs terres permet à Wolmar et à sa femme de vivre dans une aisance sans faste. L'ordre, l'obéissance et les bonnes mœurs règnent grâce à leurs soins dans la petite communauté qu'ils forment avec des domestiques soigneusement choisis et éduqués. Seul un jardin, «l'Élysée» de Julie, échappe à cette rationalisation (Lettre 11). Wolmar, persuadé que seule l'intimité avec Mme de Wolmar peut effacer le souvenir de Julie, pousse même l'expérience jusqu'à engager les anciens amants à s'embrasser en sa présence dans le bosquet où ils avaient échangé leur premier baiser (Lettre 12). La réconciliation de la vertu et du sentiment va-t-elle enfin leur rendre la sérénité et le bonheur ? Claire en est persuadée, ainsi que Wolmar qui envisage même de confier à Saint-Preux l'éducation de ses enfants, et ne craint pas de s'absenter afin de laisser seuls sa femme et son ami. Mais Julie confie à Saint-Preux qu'elle n'est pas heureuse. Lors d'une promenade en bateau et un pèlerinage à la Meillerie, Saint-Preux, hanté par ses souvenirs, est un moment tenté de se précipiter dans le lac, en entraînant Julie.

Cinquième partie (14 lettres)

Morigéné par Milord Edouard, Saint-Preux affirme qu'il a surmonté la crise, et expose à son ami les principes qui sous-tendent l'harmonie de Clarens et l'éducation des enfants de Julie (Lettres 2 et 3). Il lui apprend que la cause du chagrin secret de celle-ci est l'incrédulité religieuse de son mari. La communauté des amis s'élargit : Claire s'installe enfin à Clarens, Edouard Bomston envisage de l'imiter, et le baron d'Étange est même réconcilié avec Saint-Preux. La fête des vendanges marque l'apothéose de l'accord des belles âmes entre elles, et entre maîtres et serviteurs (Lettre 7). Mais Saint-Preux, en route pour l'Italie en compagnie de Milord Edouard, qui doit y régler une délicate affaire sentimentale, est à nouveau troublé par le souvenir du passé, et surtout par un rêve où il voit Julie morte, recouverte par un voile. En proie à un pressentiment morbide, que partage bientôt Claire à qui il l'a confié, il rebrousse chemin en direction de Clarens, mais se rassure en entendant la voix des deux cousines par-delà le mur d'enceinte de l'Élysée. Saint-Preux, en Italie, intervient de façon à empêcher un mariage infamant entre Milord Edouard et une prostituée repentie, Laure. Cependant Julie, qui a deviné l'amour de Claire pour Saint-Preux, engage celle-ci à se remarier.

Sixième partie (13 lettres)

Claire, retenue pour une noce à Genève, dont elle fait l'éloge, n'exclut pas l'idée d'un mariage avec l'ancien amant de Julie, même si elle se fait un scrupule d'être infidèle à son mari défunt. Wolmar et Claire sont tout aux aménagements qu'implique l'installation prochaine de Milord Edouard, en route avec Saint-Preux vers Clarens.

Julie, sept ans après sa dernière lettre, au lendemain de son mariage, écrit à Saint-Preux pour le disposer à épouser Claire. Cette union éloignerait Saint-Preux d'éventuelles tentations charnelles, et consacrerait la sublimation de sa passion pour Julie en une amitié fraternelle. Saint-Preux, sans nier la séduction qu'exerce sur lui Claire d'Orbe, rejette cette proposition. Il ne se croit pas capable d'aimer une seconde fois. Comme il lui reproche de s'adonner à la dévotion, Julie réplique que la prière est pour elle le dérivatif d'une insatisfaction que l'Utopie de Clarens n'a pas su combler.

Le rêve de Saint-Preux se révèle alors prémonitoire. Julie, qui s'est jetée à l'eau pour sauver un de ses fils, meurt des suites de sa chute. Claire pose sur le visage de la morte le voile dont Saint-Preux avait vu en rêve Julie recouverte. Wolmar, qui rend compte à Saint-Preux (toujours en route pour Clarens), des derniers jours de sa femme, au cours desquels elle édifie son entourage par son courage, sa sérénité et sa foi, est converti. Il lui transmet une lettre de Julie dans laquelle elle révèle que sa passion pour Saint-Preux ne s'était pas éteinte. La mort est un soulagement pour celle que le combat entre l'amour et la vertu épuisait. Elle lui confie ses enfants et l'engage à nouveau à épouser Claire. Celle-ci, après avoir failli devenir folle de douleur, engage Edouard et Saint-Preux, qu'elle renonce irrévocablement à épouser, à venir s'établir à Clarens, pour s'occuper des enfants de Julie, la pleurer et perpétuer sa mémoire.

COMMENTAIRE

ROUSSEAU ET LE ROMANESQUE

Immoralité du genre romanesque

Le récit de l'élaboration de la *Julie* dans *Les Confessions* est à l'évidence sous-tendu par une volonté apologétique. Plus que jamais, en effet, le citoyen de Genève constate la contradiction entre ses principes (affirmés dans le *Discours sur les Sciences et les Arts*, et bientôt réitérés, avec plus de force, dans la *Lettre à d'Alembert sur les spectacles*, en 1758) et sa sensibilité : le péché d'écrire (Rousseau annoncera d'ailleurs bientôt sa tentation de renoncer à l'écriture) est désormais aggravé par la tentation du romanesque. Or Rousseau, de même que ses contemporains, considère non seulement le roman comme un genre mineur, mais comme un agent de la corruption des mœurs. Les romans sont frivoles et nuisibles. Ne sont-ils pas des «livres efféminés qui respir[ent] l'amour et la mollesse» ?

Il ne suffit donc pas à Rousseau d'insister sur le caractère irrésistible de l'inspiration, comme il l'avait fait pour justifier la composition du premier *Discours*, pour gommer cette aporie. Il faut, autant que faire se peut, composer un roman utile. Rousseau, dans un second temps (c'est du moins ce qu'il affirme dans *Les Confessions*), envisage de faire de la *Julie* un roman exemplaire : il montrera, à travers la régénération morale de Julie par son mariage, la victoire de la vertu sur l'amour. Bien plus, l'opposition entre l'athée Wolmar et la pieuse Julie, dans les deux dernières parties du roman, devrait réconcilier dévôts et philosophes. *La Nouvelle Héloïse* prêchera donc les bonnes mœurs et la tolérance.

La Julie, roman exemplaire ?

Pourtant, ce dessein exemplaire ne semble pas avoir apaisé les scrupules de Rousseau, comme le prouvent les deux préfaces de *La Nouvelle Héloïse*. La préface qui précède le roman dans l'édition Garnier-Flammarion est un résumé, rédigé par Rousseau lui-même, d'une préface beaucoup plus développée, intitulée *Entretien sur les romans*, publiée dans l'Appendice. Cette préface primitive, sous forme dialoguée, met aux prises l'«Éditeur» (c'est-à-dire l'auteur) et un «homme de lettres», un détracteur fictif du roman. Ces deux préfaces prouvent que la transformation de la *Julie* en un roman moral n'a pas totalement convaincu Rousseau lui-même. D'ailleurs, après avoir renoncé, en 1757, à la publier, puis être revenu sur sa décision, il ne consentira jamais à faire paraître son roman à Genève, dont il vient de recouvrer, en 1754, la citoyenneté. Pour la même raison, il évite de mentionner à côté de son nom, comme il l'avait fait pour les *Discours*, le titre de «citoyen de Genève». Il n'y fera pas non plus figurer sa devise («*Vitam impendere vero*» : «consacrer sa vie à la vérité»), car la fiction romanesque a partie liée avec le mensonge.

C'est probablement ce malaise qui incite Rousseau à adopter, surtout dans sa préface abrégée, un ton intransigeant et agressif. Rousseau rejette sur son public la faute dont il s'est rendu coupable en écrivant un roman : «Il faut des spectacles dans les grandes villes et des romans aux peuples corrompus. J'ai vu les mœurs de mon temps, et j'ai publié ces lettres.» Le lecteur de la *Julie*, s'il existe, est – comme son auteur – un vivant paradoxe : ce n'est ni un philosophe, ni un homme du monde, ni une honnête femme, ni une jeune fille («jamais fille chaste n'a lu de romans»!) mais un gentilhomme vivant à la campagne, une femme perdue aimant toujours la vertu.

Les lecteurs de Rousseau au XVIIIe siècle se sont en tout cas reconnus dans ces figures improbables. Il est à noter que le dessein moral de l'auteur – aussi ambigu soit-il, et probablement à cause de cette ambiguïté même – a été entendu. Le succès considérable du roman (il ne comptera pas moins de soixante-douze éditions entre 1761 et 1800) et surtout les témoignages innombrables de lecteurs, débauchés repentis ou femmes du monde touchées par la grâce des vertus de Julie, en témoignent. On peut même estimer que le roman a contribué au renouveau du sentiment religieux à la fin du XVIIIe siècle, même si la morale de Julie sera à la sortie du roman aussi mal accueillie par les défenseurs de la foi que par ceux qui, sous la houlette de Voltaire, s'emploient à écraser «l'Infâme».

LE RENOUVELLEMENT
DES PONCIFS ROMANESQUES

La fin du roman baroque

Dans sa préface dialoguée, Rousseau, en anticipant les critiques qui seront formulées à l'égard du roman, souligne ce qui fait l'originalité de la *Julie*.

Elle réside en premier lieu dans l'absence d'intrigue. Les péripéties romanesques (naufrages, enlèvements, duels...) constituent encore, pour les lecteurs du XVIIIe siècle, la spécificité du genre. Le dictionnaire de l'Académie, en 1694, définit le roman comme un «ouvrage en prose contenant des aventures fabuleuses d'amour et de guerre». Cette définition caractérise non seulement les romans baroques comme ceux de Gomberville ou de Mlle de Scudéry, qui firent les délices de Rousseau enfant, mais aussi ceux de Prévost ou de Richardson. Le détracteur fictif de Rousseau dans la préface dialoguée l'indique clairement : «Pas une mauvaise action; pas un méchant homme qui fasse craindre pour les bons. Des événements si naturels, si simples qu'ils le sont trop : rien d'inopiné ; point de coup de théâtre [...]. Est-ce la peine de tenir registre de ce que chacun peut voir tous les jours dans sa maison, ou dans celle de son voisin ? »

Ce souci de concentrer l'attention du lecteur sur la résolution des crises sentimentales et morales de Saint-Preux et de Julie a même déterminé Rousseau à supprimer une péripétie à laquelle font allusion les dernières lettres de la cinquième partie et les premières lettres de la sixième partie. Il a rédigé à part le récit des amours d'Edouard, dont nous ne possédons plus qu'un résumé, en tête duquel Rousseau explique : « Les bizarres aventures de Milord Edouard étaient trop romanesques pour être mêlées avec celle de la *Julie*, sans en gâter la simplicité » (cf. Appendice). C'est en particulier le personnage de la Marquise qui tente d'assassiner Edouard par jalousie, digne du roman noir, ou encore l'épisode où elle livre Laure à son amant, proche du roman libertin, qui tranche avec la *Julie* par excès de « romanesque ». Dans le livre XI des *Confessions*, Rousseau revient d'ailleurs sur ce qui fait à ses yeux la qualité essentielle du roman : « La chose qu'on y a le moins vue, et qui en fera toujours un ouvrage unique, est la simplicité du sujet et la chaîne de l'intérêt qui, concentré entre trois personnes, se soutient durant six volumes, sans épisode, sans aventure romanesque, sans méchanceté d'aucune sorte, ni dans les personnages, ni dans les actions. » *La Nouvelle Héloïse*, à cet égard, n'est pas sans évoquer *La Princesse de Clèves*, à laquelle Rousseau compare d'ailleurs la quatrième partie de la *Julie* (*Les Confessions*, Livre XI) : le célèbre aveu de Mme de Clèves à son mari ne rappelle-t-il pas le désir de Julie de faire lire toutes ses lettres à Wolmar, précisément au début de la quatrième partie ? On peut aussi songer à *Bérénice*, autre histoire d'amour et de renoncement, dont Racine, dans sa préface, souligne la « simplicité ».

Rousseau a également éludé plusieurs développements romanesques conventionnels, que lui fournissaient, en particulier, les voyages de Saint-Preux. Les lettres de Saint-Preux sur Paris répondent à un dessein moralisateur, qui réside dans la dénonciation de la frivolité du monde par Saint-Preux, redoublée par la démonstration de son pouvoir corrupteur sur le censeur lui-même. Mais il délaisse délibérément le récit des débuts d'un jeune homme dans le monde, qui est, des *Confessions du comte de *** (1741), de Duclos, aux *Égarements du cœur et de l'esprit* (1738), de Crébillon, un motif traditionnel des romans à succès qui ont précédé *La Nouvelle Héloïse*. Il en est de même pour le voyage autour du monde, qui se réduit, dans la lettre où Saint-Preux annonce à Claire son retour, à des considérations générales sur l'oppression des peuples. D'ailleurs, Rousseau a, semble-t-il, tenu à signaler ces lacunes volontaires en attribuant à Saint-Preux la paternité d'ouvrages imaginaires qui les comblent : ainsi Julie rappelle-t-elle à Saint-Preux une après-midi à Clarens occupée à «fai[re] en commun la lecture de [ses] voyages et celle des aventures de [son] ami» – Milord Edouard; de même, nous apprenons, grâce à Julie, que le séjour parisien de Saint-Preux lui a inspiré des lettres «graves et judicieuses», adressées à Edouard, et recopiées pour M. d'Orbe.

Rousseau a donc laissé dans l'ombre des éléments qui auraient pu donner matière à des développements, ou même des retournements romanesques : le passé aventureux de M. de Wolmar, prince russe en exil mêlé à une conspiration, qui, en quittant la cour, se déguisa en paysan (comme la plupart des héros de roman du XVIIe siècle), la mort mystérieuse du frère de Julie, les circonstances énigmatiques dans lesquelles M. d'Étange tua son ami et fut lui-même sauvé par M. de Wolmar, dont on ignore jusqu'au vrai nom, sont autant d'éléments auxquels les lettres se contentent de faire allusion, mais que la fiction n'exploite pas.

La Nouvelle Héloïse allait cependant constituer pour le roman de la fin du XVIIIe siècle et du XIXe siècle un réservoir de motifs romanesques inédits. La mort par noyade de Virginie, victime de sa pudeur, et bientôt objet de culte pour le peuple (*Paul et Virginie*, de Bernardin de Saint-Pierre, 1788), doit beaucoup à la mort de Julie, martyre de l'amour maternel. L'amour de Werther pour Charlotte, mais aussi le renoncement d'Odile à Edouard après la noyade accidentelle d'un enfant dans le lac (*Les Souffrances du jeune Werther*, 1774, *Les Affinités électives*, 1808, de Goethe), la lettre posthume de Mme de Morstauf à Félix de Vandenesse (*Le Lys dans la vallée*, 1835), lui révélant un amour qu'elle lui a toujours caché par vertu, et peut-être même la régénération morale de la prostituée, Esther, (émule de Laure ?) par l'amour (*Splendeurs et Misères des courtisanes*), évoquent irrésistiblement certaines pages du roman de Rousseau.

Le modèle pastoral

Si Rousseau a tenu à marquer ses distances avec le roman d'initiation et le récit de voyages, les relations qu'entretient *La Nouvelle Héloïse* avec le modèle pastoral sont plus complexes. On sait que *L'Astrée** figurait dans la bibliothèque maternelle à Genève, et que l'univers bucolique continua à hanter l'imagination de Rousseau au point qu'il renonça à un voyage dans le Forez de peur de ne pas y trouver les «Dianes et les syl-vandres» du roman d'Honoré d'Urfé (cf. *Les Confessions*, Livre IV). Lors de son séjour à l'Ermitage, les références à la pastorale s'imposent à nou-veau; il voudrait que la campagne fût habitée de «Dryades», et, amoureux quadragénaire autant que romancier tardif, il se voit en «Berger extrava-gant» (du nom du roman de Charles Sorel qui tourne en dérision *L'Astrée*). Il ne signale d'ailleurs pas qu'avant de céder à la tentation d'écrire la *Julie*, il s'est essayé à deux contes pastoraux, qu'il laisse inachevés, *Les Amours de Claire et de Marcellin*, et *Le Petit Savoyard, ou la Vie de Claude Noyer*. Ce sont des récits tels que les aime le XVIIIᵉ siècle, «simples et touchants», faisant triompher les bons sentiments dans un cadre villageois qui, quoique aux antipodes des Arcadies* princières du XVIIᵉ siècle, n'en est pas moins idéalisé.

Aussi, lorsque Rousseau choisit le décor dans lequel évolueront Claire et Julie, il pense tout d'abord aux «plaines de la Thessalie» (*Les Confes-sions*, Livre IX), où s'ébattent tous les Daphnis et toutes les Chloë de la littérature. S'il élit en définitive Vevey et les bords du lac de Genève, pays natal de Mme de Warens, c'est en projetant sur ce paysage suisse qui «ravit les sens, émeut le cœur, élève l'âme» (*Les Confessions*), tous les charmes littéraires de la patrie des bergers-poètes. Le caractère d'excep-tion des personnages (que souligne la légende d'une des estampes choi-sies par Rousseau pour illustrer le roman : «les belles âmes») range Julie et Claire, parangons de beauté, de sensibilité, de vertu, au côté des héroïnes irréprochables des romans traditionnels. Il ne faut donc pas s'étonner que le détracteur fictif de Rousseau, dans la préface dialoguée, s'exclame : «Tout ce qui pourrait vous arriver de mieux serait qu'on prît votre petit bonhomme pour un Céladon, votre Edouard pour un Don Qui-chotte, et vos deux caillets pour deux Astrées...» (Céladon et Astrée sont les héros de *L'Astrée* d'Honoré d'Urfé, 1607-1627). Un peu plus loin, convaincu par l'auteur, il renchérit, en soulignant clairement la distance, mais aussi la parenté, entre *La Nouvelle Héloïse* et *L'Astrée* : «Il ne s'agit pas de faire des Daphnis, des Sylvandres, des pasteurs d'Arcadie, des bergers du Lignon, d'illustres paysans cultivant leurs champs [...], mais de montrer aux gens aisés que la vie rustique et l'agriculture ont des plai-sirs qu'ils ne savent pas connaître» (Appendice).

Si Saint-Preux, Julie et Claire évoquent la petite cour des bergers du Lignon, ce n'est pas seulement parce qu'ils vivent à la campagne, et font l'éloge de la vie rustique. Le vocabulaire de la pastorale affleure constamment dans les lettres de la première partie, de même que les vers bucoliques de Pétrarque* qui mettent en relief cet héritage : Julie invite son amant à la rejoindre dans un «hameau solitaire», «asile des amants», entouré de «coteaux fleuris» et baigné par des «ruisseaux qui [...] sont bordés d'arbrisseaux et de bocages délicieux» (Lettre 36). En outre, la philosophie des amants dans les deux premiers livres est celle de Céladon, adorant en Astrée les perfections de Dieu. Les maximes de Julie sont conformes à la métaphysique amoureuse du XVIᵉ siècle néo-platonicien («Rentre au fond de ton âme : c'est là que tu retrouveras toujours ce feu sacré qui nous embrasa tant de fois de l'amour de sublimes vertus, c'est là que tu verras ce simulacre éternel du vrai beau dont la contemplation nous anime d'un saint enthousiasme» ; Lettre 11). Rousseau, en note, souligne d'ailleurs : «La véritable philosophie des amants est celle de Platon ; durant le charme ils n'en ont jamais d'autre.» Il n'est pas jusqu'au séjour de Saint-Preux à la Meillerie (Lettres 26, 17) qui ne rappelle la retraite de Céladon dans une grotte, «antre sauvage» (*Astrée*, Deuxième partie, Livre VIII). Saint-Preux grave le chiffre de sa maîtresse et des vers de Pétrarque et de Dante sur des «rochers sauvages», écrit des lettres à Julie qu'emporte le vent vers «les torrents glacés» ; Céladon grave le nom d'Astrée sur des arbres et confie ses lettres au courant d'une rivière.

Pourtant, *La Nouvelle Héloïse* n'est pas une pastorale. La petite société de Clarens obéit à des règles rigoureuses, tandis que rien n'est dit de l'organisation économique et sociale de la vie des bergers traditionnels. La nature ne se réduit au locus amœnus* conventionnel que dans les deux premiers livres, quand elle est associée à l'expression de l'ivresse amoureuse. Les paysages de montagnes, «théâtre» convenable à l'expression volontiers dramatique de la mélancolie ou du désespoir, ou propices à la méditation du solitaire, font leur apparition dans la littérature : ces «beautés horribles qui plaisent aux âmes sensibles» sont promises, de Sénancour à Chateaubriand, à une longue postérité.

Mais l'intertextualité* de *La Nouvelle Héloïse*, imprégnée de romans pastoraux, les citations de poètes italiens baroques et précieux (Pétrarque – à qui sont empruntés les vers de l'exergue –, le Cavalier Marin, Le Tasse*, Métastase) expliquent en partie le succès du roman. Il flattait cette nostalgie persistante du public européen pour la pastorale. *La Nouvelle Héloïse* – ainsi que les œuvres du poète suisse Gessner*, dont la diffusion en France coïncide avec la parution du roman de Rousseau – allait d'ailleurs contribuer à un renouveau du genre. Après *La Nouvelle Héloïse*, la Grèce et la Sicile sont souvent remplacées par les Alpes (dans *La Bergère des Alpes* de Marmontel 1783, ou dans *Aldomen* de Sénancour, 1795 – dont l'héroïne se prénomme Julie) ; les paysans vertueux ont pris la place des bergers oisifs, mais c'est toujours dans le vocabulaire de l'idylle que le XVIIIe siècle finissant puise quand il rêve de bonheur et de vertu.

Le roman par lettres

Les «Lettres de deux amants habitants d'une petite ville au pied des Alpes» (c'est le sous-titre de *La Nouvelle Héloïse*) allaient être à l'origine d'un essor du genre épistolaire au XVIIIe siècle ; il sera en particulier cultivé par Rétif de la Bretonne, Laclos, Sade, Sénancour... Elles s'inscrivent cependant dans une longue tradition, celle du recueil de lettres d'amour. *Les Héroïdes* d'Ovide* (lettres fictives d'héroïnes, comme Ariane ou Didon, à leur amant infidèle), les lettres d'Héloïse à Abélard (traduites par Bussy-Rabutin en 1697) ou les *Lettres de la religieuse portugaise*, parues en 1669, ont pu inspirer aux amants séparés quelques-uns de leurs accents. Rousseau a également lu les romans épistolaires de Samuel Richardson, et a été séduit, comme tous ses contemporains – et en particulier Diderot –, par leur caractère édifiant : *Pamela ou la Vertu récompensée*, publié en Angleterre en 1740 et traduit par l'abbé Prévost en 1743, décrit les mésaventures d'une jeune fille pauvre et vertueuse enlevée et séquestrée par un jeune débauché, qui, touché pour elle d'un amour véritable, finit par la délivrer. Dans *Clarisse Harlowe* (dont le succès au XVIIIe siècle est comparable à celui de *La Nouvelle Héloïse*), l'héroïne ne parvient pas à échapper aux machinations d'un séducteur, Lovelace, et meurt en odeur de sainteté après avoir été violée.

Le roman épistolaire issu de cette tradition servait donc le double propos de Rousseau. Il pouvait être à la fois un recueil d'«hymnes» à l'amour (l'expression est employée par Rousseau dans sa préface dialoguée), et de dissertations morales sur les sujets les plus variés : les épistoliers de *La Nouvelle Héloïse* ne se font pas faute d'en échanger, entre autre sur le suicide, sur l'éducation des enfants, sur les duels ; Julie est d'ailleurs appelée par son entourage «la belle prêcheuse», et Saint-Preux à Paris se propose de confectionner avec les lettres de sa maîtresse un livre de morale qui lui servira de bréviaire dans le monde. Mais Rousseau a su tirer un autre parti du roman par lettres. Alors que les recueils de lettres d'amour ou les romans épistolaires antérieurs (à l'exception de *Clarisse Harlowe*) privilégient un seul point de vue (Marianna ne reçoit aucune réponse de l'amant inconstant; les lettres à ses parents de Paméla séquestrée s'apparentent plutôt au journal intime qu'au roman par lettres à proprement parler), est mise en place dans *La Nouvelle Héloïse* une structure plus complexe où alternent les voix de plusieurs personnages, apportant sur le même événement ou problème philosophique et moral des points de vue différents. Ainsi, par exemple, la leçon du roman est d'autant plus ambiguë que les personnages font parfois entendre des opinions discordantes, même si une certaine uniformisation (du ton comme des idées) est réalisée dans les trois derniers livres sous l'influence de Julie, comme le souligne Rousseau lui-même dans sa préface dialoguée. Ainsi la soumission de Julie à l'autorité despotique de son père est-elle contestée, au nom du mépris pour les préjugés, par Milord Edouard; l'unanimité des hôtes de Wolmar en ce qui concerne le projet de mariage d'Edouard avec Laure est brisée par la générosité anti-conformiste de Julie.

LA POLYPHONIE ROMANESQUE

La variété des tons et des styles

Parallèlement, Rousseau s'est appliqué à varier les tons et les styles, comme l'avait justement remarqué d'Alembert : « J'entends dire que toutes vos lettres ont le même ton, et que c'est toujours l'auteur qui parle et non les personnes; je n'ai point senti ce défaut; les lettres de l'amant sont pleines de chaleur et de force, celles de Julie de tendresse et de raison. » Il est en effet aisé de remarquer que les exclamations, les répétitions, les apostrophes, les hyperboles, les antithèses abondent dans les lettres de Saint-Preux des deux premiers livres (par exemple, après le baiser dans le bosquet : « Qu'as-tu fait, Ah! Qu'as-tu fait ma Julie ? Tu voulais me récompenser, et tu m'as perdu. Je suis ivre, ou plutôt insensé [...] Ô souvenir immortel de cet instant d'illusion, de délire et d'enchantement, jamais, jamais tu ne t'effaceras de mon cœur »); au contraire, Wolmar affecte le style de la démonstration exempte de passion et le ton de la certitude : les présentatifs, les phrases brèves, la parataxe caractérisent son style (« Ce n'est pas de Julie de Wolmar qu'il est amoureux, c'est de Julie d'Étange [...] La femme d'un autre n'est point sa maîtresse ; la mère de deux enfants n'est plus son ancienne écolière [...] Il l'aime dans le temps passé : voilà le vrai mot de l'énigme : ôtez-lui la mémoire, il n'aura plus d'amour »). Rousseau s'est aussi employé à donner un ton sentencieux à Julie, la « sœur prêcheuse » (« Il vaut mieux déroger à la noblesse qu'à la vertu, et la femme d'un charbonnier est plus respectable que la maîtresse d'un prince »), et un tour gai et badin aux lettres de Claire. Il s'est même efforcé (avec plus ou moins de bonheur) à trouver le ton d'une enfant de dix ans, ou d'une servante dévouée, simple mais capable, comme le souligne l'auteur, de « sentiments nobles et vertueux ».

La musique du temps

Mais l'essentiel n'est peut-être pas là. La modulation des tons et des styles, dans *La Nouvelle Héloïse*, n'est pas tant dictée par le souci de peindre des caractères, que par celui de montrer les colorations que les émotions ou l'écoulement du temps peuvent faire prendre aux paroles, aux discours. Rousseau, qui considérait que les « hommes sont souvent dissemblables à eux-mêmes », et que les sensations, les circonstances, les souvenirs inconscients déterminent nos idées et nos actions, a fait évoluer ses personnages – ainsi que leur style – avec le temps. Les amants, dans les deux premiers livres, tendent à chanter à l'unisson, même si les lettres de Julie, imprégnées par la nostalgie d'un bonheur inatteignable, ont une tonalité plus élégiaque : « Nous avons recherché le plaisir, et le bonheur a fui loin de nous » (Lettre 23). La passion dicte à Julie et à Saint-Preux des « hymnes » qui se répondent en écho, scandés par des vers de la poésie italienne, nourris de souvenirs de philosophie néo-platonicienne, imprégnée de la rhétorique de l'amour courtois*. L'un et l'autre trouvent parfois des accents raciniens pour exprimer la douleur de l'absence (Saint-Preux : « Mon cœur inquiet te cherche et ne trouve rien ; le soleil se lève et ne me rend plus l'espoir de te voir ; il se couche et je ne t'ai point vue », Lettre 13), ou la fatalité de l'amour-passion (Julie : « Tout abattait mon courage, tout augmentait ma faiblesse, tout aliénait ma raison »). Saint-Preux à Paris – de quatre ans plus vieux depuis le début du roman – adopte un ton plus spirituel, plus mondain, presque satirique, ce que ne manque pas de remarquer Julie : « À vingt et un ans vous m'écriviez du Valais des descriptions graves et judicieuses ; à vingt-cinq, vous m'envoyez de Paris des colifichets de lettres, où le sens et la raison sont partout sacrifiés à un certain tour plaisant. »

Quand Saint-Preux, huit ans plus tard, revient à Clarens, les considérations politiques et morales que contient sa lettre à Mme d'Orbe illustrent le jugement de Mme de Wolmar sur son ancien précepteur : «Je l'ai trouvé fort changé [...] Je trouve aussi que l'usage du monde et l'expérience lui ont ôté ce ton dogmatique et tranchant qu'on prend dans le cabinet [...] de sorte qu'il est devenu moins brillant et plus raisonnable.» Aussi c'est le retour des vers italiens, comme un signal musical, et la réapparition d'un style véhément et déclamatoire («Ô temps, temps heureux, tu n'es plus!») qui marque l'affleurement des souvenirs (Lettre 17). Les marques stylistiques des incipit* des deux dernières lettres qu'échangent Mme de Wolmar et Saint-Preux soulignent le contraste entre l'agitation provoquée par des feux mal éteints, chez Saint-Preux, et l'assurance, l'autosatisfaction, le sérieux pontifiant de Mme de Wolmar : Julie : «Quel sentiment délicieux j'éprouve en commençant cette lettre! C'est la première fois de ma vie que j'ai pu vous écrire sans crainte et sans honte. Je m'honore de l'amitié qui nous unit comme d'un retour sans exemple»; Saint-Preux : «Julie, une lettre de vous! Après sept ans de silence! Oui, c'est elle; je le vois, je le sens : mes yeux méconnaîtraient-ils des traits que mon cœur ne peut oublier?» Cette discordance n'est abolie que dans le dernier paragraphe de la lettre posthume dans laquelle Mme de Wolmar retrouve le ton de Julie : «Adieu, adieu mon doux ami... Hélas j'achève de vivre comme j'ai commencé.» Les derniers mots de Julie sont en effet ceux de lettres écrites sept ans auparavant («Adieu donc, pour la dernière fois, unique et cher...»; «Adieu, mes uniques amours, Adieu, cher et tendre ami de Julie...»; «Adieu mon aimable ami, adieu pour toujours»); l'adieu final rappelle et résume le passé comme un point d'orgue. C'est d'ailleurs ce rétablissement in extremis de la correspondance entre les deux amants (dans les derniers livres, Julie et Saint-Preux, à la fois réunis et séparés à Clarens, écrivent à des tiers), qui scelle cette paradoxale apothéose de l'amour dans la mort et dans l'absence.

Les Lettres, moteur de l'action

Ainsi les lettres, loin de se réduire, comme la plupart du temps chez Richardson*, à un compte rendu d'événements qui les ont précédées, sont-elles le moteur de l'action. C'est la lettre envoyée par Saint-Preux de la Meillerie (Lettre 26) qui déclenche la maladie de Julie, le rappel de Saint-Preux par Claire et la «chute» des deux amants. La lettre de Julie à Milord Edouard le dissuade de se battre avec Saint-Preux et provoque le resserrement de l'amitié – capitale pour le déroulement du roman – entre les deux hommes. La découverte des lettres des amants par Mme d'Étange, rapportée à Saint-Preux par Julie dans un billet que la hâte et l'affolement ponctuent d'exclamations et d'aposiopèses*, entraîne la mort de la mère de Julie et la séparation des amants. Ce sont ces mêmes lettres, que Julie croît avoir été brûlées, qui sont parvenues à M. de Wolmar : c'est leur lecture qui a édifié Wolmar et l'a convaincu de tenter avec sa femme et l'ancien amant de celle-ci une expérience inédite. De même, le mariage de Julie avec Wolmar est-il rendu possible par une lettre de Julie arrivée trop tard (Lettre 12) et une réponse de Saint-Preux partie trop tôt (Lettre 11). Lorsque la circulation des lettres ne constitue pas l'événement, celui-ci est parfois presque contemporain de l'écriture de la lettre, si bien que l'un et l'autre se confondent : Julie perd l'enfant qu'elle attendait de Saint-Preux entre le moment où elle écrit à Claire et la rédaction du post-scriptum ; elle sent les premiers symptômes de la petite vérole en écrivant à Saint-Preux ; Saint-Preux anticipe par l'écriture le moment imminent de la jouissance, en écrivant à Julie qui est en train d'entrer dans la chambre où il l'attend.

Ainsi le choix de la formule du roman par lettres s'explique-t-il aussi par cette volonté d'abolir la distance – scandaleuse pour Rousseau, car génératrice de mensonge et de fausseté – entre la vie et l'écriture. L'actualisation du sentiment et parfois, comme on l'a vu, de l'événement, par la lettre, conjure les mystifications d'un récit qui serait conduit par un narrateur omniscient.

LA QUESTION DU BONHEUR

Le débat de la Nature, de la Raison et de la Vertu

Julie et Saint-Preux, dans les trois premiers livres, adhèrent à une philosophie que l'on pourrait qualifier d'humanisme néo-platonicien. Rousseau la dénonce clairement dans sa préface («ils sont dans le délire, et ils pensent philosopher... Ils parlent de tout, et se trompent sur tout»), tout en précisant qu'elle est le propre des amants. Quelle est cette fallacieuse doctrine ? Elle postule que les penchants du cœur ne sauraient égarer, puisque qu'ils sont inspirés par la Nature. En invoquant celle-ci, Saint-Preux entend légitimer la satisfaction de ses désirs : «La sagesse a beau parler par votre bouche, la voix de la nature est la plus forte. Le moyen de lui résister quand elle s'accorde à la voix du cœur ? » (Lettre 10). D'ailleurs l'enthousiasme pour le bien puise sa ferveur à la même source que l'amour, et l'un fortifie l'autre : « L'amour véritable est un feu dévorant qui porte son ardeur dans les autres sentiments... c'est pour cela qu'on a dit que l'amour faisait des héros. » La raison ne vole-t-elle pas au secours des raisons du cœur ? Seule « la chimère des conditions », stigmatisée par Milord Edouard, s'oppose à l'union de Julie avec celui qui est « le plus digne d'elle, et peut-être le plus propre à la rendre heureuse ».

Mais avant même le mariage de Julie, qui occasionne une régénération morale de l'héroïne et impose alors à Saint-Preux des principes nouveaux, la faillite de cet optimisme sans originalité, qui oppose aux conventions sociales injustes la raison et la nature coalisées, est consommée. Les remords de Julie sont le premier témoignage de cette incompatibilité entre l'amour et la vertu : « Ce doux enchantement de vertu s'est évanoui comme un songe... et le bonheur a fui loin de nous » (Lettre 22). Enfin, les amants voient leur rêve d'élévation morale se convertir grâce à l'amour en une suite d'épreuves dégradantes : humiliation de Julie lorsque sa correspondance est découverte par sa mère, remords d'avoir précipité la mort de celle-ci, fausse couche, projets de fuite ; Julie en vient même à envisager l'adultère. On voit que le propos exemplaire est amorcé dès la première moitié de la *Julie*, et qu'il ne faut pas exagérer, quoique Rousseau l'ait signalée lui-même, la différence entre les trois premiers et les trois derniers livres du roman. Il est donc tout à fait simplificateur de qualifier le roman, comme l'a fait Lanson, de « rêve de volupté redressé en instruction morale ».

Cependant, la lettre 18 de la troisième partie, écrite par Julie au lendemain de son mariage, sommet du roman à partir duquel s'opère un retournement idéologique, modifie complètement ces perspectives initiales. Forte de la foi qui l'a touchée au temple, Julie dresse un bilan, récapitule et éclaire les erreurs du passé, trace des perspectives d'avenir. Elle dénonce l'illusion de l'amour (« Il me semblait que mes sens ne servaient que d'organes à des sentiments plus nobles »), récuse la Raison privée du soutien de la foi, souligne l'orgueil et la misère de l'homme sans Dieu (« Je me sentais bien née, et je me livrais à mes penchants »). Elle défend le mariage car il est le fondement sacré de l'ordre social, et invite Saint-Preux (le XIXe siècle retiendra la leçon) au « sacrifice héroïque [...] des désirs de son cœur à la loi du devoir ».

Julie, tout en affirmant qu'elle préfère désormais une union fondée sur l'estime et la raison – comme celle qui la lie à Wolmar – aux égarements de la passion («car le cœur nous trompe en mille manières et n'agit que par un principe qui est toujours suspect : mais la raison n'a d'autre fin que ce qui est bien»), réaffirme à Saint-Preux un amour inébranlable, mais dépouillé de tout désir charnel : «Pour nous aimer toujours il faut renoncer l'un à l'autre ; oublions tout le reste et soyez l'amant de mon âme.» C'est la condition de cette réconciliation, sous l'égide de la religion, de la vertu, et du bonheur, de la raison et du sentiment. La «Nature», à laquelle Julie est rendue grâce à sa «révolution» («dans ce bouleversement général on reprend quelquefois son caractère primitif, et l'on devient comme un nouvel être sorti récemment des mains de la nature»), définie cette fois comme un état d'innocence et de pureté, ne manque même pas à ce concert.

Le système de Wolmar

Alors que la philosophie des amants n'était que celle de deux «solitaires» – et c'est en partie ce qui la condamne – le nouvel ordre inauguré par la révolution morale de Julie, sous l'autorité morale et spirituelle des époux Wolmar, génère toute une organisation économique et morale. Il y a désormais totale confusion de la sphère privée et de la vie sociale, organisées selon un modèle rationnel : «L'ordre qu'il [Wolmar] a mis dans sa maison est l'image de celui qui règne au fond de son âme, et semble imiter dans un petit ménage l'ordre établi dans le gouvernement du monde», explique Julie. Clarens, dont le nom lui-même suggère la transparence des «belles âmes» et la lumineuse perfection des systèmes, tient beaucoup de l'Utopie*. Amours, amitiés, travail, distractions, éducation des enfants, nourriture, relations avec le monde extérieur, obéissent à un plan d'ensemble conçu pour aboutir au règne d'un bonheur obligatoire (aussitôt après son mariage, Julie déclare : «Il faudrait me mépriser beaucoup pour ne pas me croire heureuse avec tant de sujets de l'être»).

La même exigence d'harmonie qui avait inspiré à Julie la conciliation de l'amour et de la vertu suggère à Wolmar des règles de vie dont la finalité est d'évacuer tout conflit. Il s'agit d'abord d'isoler le plus possible la petite communauté de Clarens, l'influence du monde extérieur étant jugée corruptrice. On engage par exemple les serviteurs à trouver dans les seules fêtes organisées par leurs maîtres à Clarens tous leurs amusements ; l'exploitation du domaine – Wolmar surveille en personne la culture de ses terres, les maîtres se mêlent aux vendangeurs et tissent eux-mêmes le chanvre – vise à l'autarcie. L'agriculture, dont Saint-Preux, fait l'éloge en des termes qui rappellent le *Télémaque* de Fénelon et les thèses des physiocrates*, ne doit pas permettre d'augmenter un capital, d'accumuler un profit, mais de subvenir à tous les besoins des habitants ; les échanges, les commerces et le rôle de l'argent sont réduits autant que faire se peut : Julie fabrique elle-même son malaga, à partir d'un secret de fabrication qui vaut bien mieux qu'une importation coûteuse et surtout qui ternirait le plaisir de l'autosuffisance.

Dans cet univers clos, les époux Wolmar tentent de restaurer un état de nature qui ne passe pas par l'établissement d'un nouveau contrat social et la suppression des inégalités, mais par l'adoucissement et le travestissement de celles-ci. Les serviteurs sont les « enfants » des maîtres (en quittant la maison paternelle « ils n'ont fait... que changer de père et de mère »), qui veillent à leur formation mais aussi à la pureté de leurs mœurs. Les relations entre maîtres et serviteurs sont fondées sur la confiance réciproque, la bienveillance des premiers, le respect des seconds, l'intérêt « très bien entendu » des uns et des autres : « L'inégalité est si peu naturelle à l'homme qu'elle ne saurait exister sans quelque mécontentement [...] Tout l'art du maître est de cacher cette gêne sous le voile du plaisir et de l'intérêt. »

Cette organisation rationnelle de la vie domestique est indissociable de celle de la vie affective. Wolmar manipule les âmes comme il gère son domaine. Doué, selon Julie, du pouvoir surnaturel de lire dans les cœurs – comme Dieu auquel il ne croit pas –, il soumet Saint-Preux à des épreuves (la réconciliation avec le baron d'Étange en est une) ; il tente même par des expériences – dont il ne doute pas un seul instant du succès – d'éradiquer des cœurs le souvenir et l'amour (il engage ainsi Saint-Preux et sa femme à s'embrasser sur le lieu même où ils avaient échangé leur premier baiser).

La fête des vendanges et la « Matinée à l'anglaise » – c'est le tire qu'a choisi Rousseau pour l'estampe qui illustrait la troisième lettre de la cinquième partie – marquent l'apothéose d'un bonheur qui passe par la communication silencieuse des cœurs ou l'abolition des distinctions sociales au sein de la fête villageoise (« la douce égalité qui règne ici rétablit l'ordre de la nature ») sans que « le despotique empire de la sagesse et des bienfaits » exercé par Julie soit jamais contesté ni troublé.

La mort de Julie

Le bonheur de Julie est bel et bien l'enjeu de ce dispositif idéologique. Edouard l'indique clairement, alors qu'un retard du courrier laisse en suspens la révélation de la raison du chagrin secret de Mme de Wolmar : « Si le bonheur et la paix ne sont pas dans l'âme de Julie, où sera leur asile ici-bas ?» Le système de Wolmar – tentative laïque d'instaurer le bonheur ici-bas – s'effondre s'il n'atteint pas ce but. Une première explication de la tristesse de Julie (l'athéisme de Wolmar) rassure provisoirement ses amis. Mais dans la lettre où Julie se justifie de s'adonner à une dévotion excessive, elle donne à sa mélancolie une dimension existentielle et métaphysique qui n'est pas sans évoquer l'incurable mal-être de René : «Je ne vois que sujets de contentement, et je ne suis pas contente... Le bonheur m'ennuie» (Lettre 8). L'infini du désir se tourne vers le sacré car il se heurte à la finitude du réel : «Le pays des chimères est en ce monde le seul digne d'être habité, et tel est le néant des choses humaines, que hors l'Être existant par lui-même, il n'est rien de beau que ce qui n'est pas. »

Cet ultime retournement modifie considérablement le dessein initial de Rousseau, qui avait prévu de clore le roman, à la fin de la quatrième partie, par la mort tragique des deux amants, Saint-Preux entraînant Julie dans le lac comme il en est un moment tenté dans la version définitive. Par ce «chant du cygne», comme Rousseau l'appelle dans une note, Julie reste la figure centrale de cette aventure spirituelle dont Saint-Preux apparaît finalement comme un épigone. La mort accidentelle de l'héroïne – mais pleinement acceptée, inconsciemment désirée par Julie comme par Saint-Preux qui s'écrie lors d'un accès de désespoir : «Que n'est-elle pas morte! – apparaît en définitive comme l'unique solution à l'échec du système de Wolmar, dès lors que le suicide, pour la pieuse Julie, est inenvisageable.

Ce nouveau changement de perspectives n'intervient pas tout à fait de façon inattendue : comment une harmonie fondée sur l'absolue transparence des cœurs serait-elle possible, alors que celui de Julie reste impénétrable, même à l'œil pénétrant de Wolmar, qui confie à Claire : «Pour votre amie on n'en peut parler que par conjectures : un voile de sagesse et d'honnêteté fait tant de replis autour de son cœur, qu'il n'est plus possible à l'œil humain d'y pénétrer.» En outre, au cœur d'un Clarens entièrement dédié à la rationalité et à l'utilité commune, l'Élysée de Julie (le nom de ce jardin est d'emblée une concession à l'irréel) inscrit le signe d'une aspiration vers un ailleurs : lointains exotiques selon Saint-Preux («Ô Tinian, Ô Juan Fernandez! Julie, le bout du monde est à votre porte») ou Au-Delà selon Julie («Des jours ainsi passés tiennent du bonheur de l'autre vie»). Même si cet Éden est le fruit du travail et de l'artifice, il échappe à la rationalité qui régente Clarens, ne serait-ce que parce qu'il est «un amusement superflu». Il est significatif que Rousseau l'ait associé au symbolisme du voile, grâce auquel il annonce et dramatise la catastrophe finale : lorsque Saint-Preux, après son rêve funeste, retourne sur ses pas pour voir Julie, le mur d'enceinte de l'Élysée, «une haie et quelques buissons», l'en sépare : ce jardin est bien une antichambre de la mort.

Quant à l'agonie sereine de Julie, que Voltaire trouvait si ridicule qu'il fit mourir, dans *L'Ingénu*, la belle Saint-Yves dans les larmes et les regrets pour prouver «la vanité» des «morts fastueuses», elle peut être l'objet de plusieurs lectures. Elle met en valeur aussi bien le stoïcisme* chrétien de Julie que l'héroïsme de l'amour maternel. «L'Amour maternel» est d'ailleurs, à partir de 1764, le titre de la dernière estampe, montrant Julie se précipitant dans le lac ; elle n'a pas été choisie par Rousseau, qui avait prévu de représenter une autre scène, celle où Claire s'apprête à recouvrir du voile le visage de la morte. Mais cette initiative de l'éditeur indique la préférence des lecteurs pour le caractère édifiant de la mort de Julie. À ces différents aspects s'ajoute l'aveu de la lettre posthume, qui replace la mélancolie vague de Julie dans la perspective d'une passion «tristanesque» qui ne peut s'accomplir que dans la mort – ce qui a permis à Denis de Rougemont de voir dans *La Nouvelle Héloïse* un «Tristan et Yseut bourgeois». Mais Julie ne meurt pas tant d'amour que de la constatation de l'impossibilité d'une résolution dialectique entre l'aspiration au bonheur, les exigences éthiques et les limites du réel. L'échec du système de Wolmar apparaît donc, dans une certaine mesure, comme celui des Lumières.

LES ŒUVRES AUTOBIOGRAPHIQUES

Les Confessions (1765-1770)

RÉSUMÉ

Dans le premier tome des *Confessions*, Rousseau décrit son enfance et sa jeunesse, passées au sein du foyer familial à Genève (Livre I) et auprès de Mme de Warens, d'abord à Annecy (Livre III), puis à Chambéry (Livre V), et enfin aux Charmettes, à la campagne (Livre VI).

L'adolescent, épris d'indépendance, multiplie les expériences et les voyages, connaît "tous les états" (Préambule du manuscrit de Neuchâtel) : apprenti chez un artisan graveur (Livre I), laquais (Livres II et III), maître de musique (Livre IV), employé au cadastre (Livre V), séminariste (Livre V), précepteur (Livre VI), il s'instruit en autodidacte et acquiert seul une culture aussi vaste qu'éclectique (Livres V et VI).

Les figures féminines qui marquent cette période (Mme Basile, au Livre II, Mlle de Breil, au Livre III, Mlle Galley et Mlle de Graffenried au Livre IV) sont les protagonistes d'amours chastes et brèves, qui donnent lieu à des tableaux idylliques, tandis que l'attachement pour Mme de Warens, à la fois mère et amante, domine, à partir du Livre II, l'ensemble du tome I.

Les premiers livres du tome II soulignent une série de ruptures désignées par Rousseau comme l'origine de ses malheurs. Il a quitté Mme de Warens et les Charmettes pour une hypothétique carrière de compositeur à Paris (Livre VII). Lorsque le succès couronne enfin sa réputation de musicien et d'écrivain (Livre VIII), il se dérobe à la carrière mondaine qui s'ouvre à lui et se réfugie à la campagne, malgré les sarcasmes de ses amis avec lesquels la rupture s'avère inévitable et douloureuse (Livres IV et X). C'est dans cet exil volontaire qu'il compose presque l'intégralité de son œuvre (Livres IX et X). La condamnation de l'Émile (Livre XI) accentue son isolement et coïncide avec l'apparition d'un délire de persécution qui n'ira plus qu'en s'aggravant. Ainsi le thème du "complot" (développé en particulier au début des Livres VII et XI) assombrit l'ensemble du deuxième volume. Commencent alors pour Rousseau, en quête d'un asile, des pérégrinations dont le Livre XII ne décrit que la première étape, en Suisse.

COMMENTAIRE

DE L'ANALYSE PSYCHOLOGIQUE
AU PROJET APOLOGÉTIQUE

L'originalité du projet

«Une entreprise qui n'eut jamais d'exemple, et dont l'exécution n'aura point d'imitateur», proclame orgueilleusement Rousseau dans son préambule des *Confessions*. Cette revendication de l'originalité absolue du projet autobiographique est-elle fondée ? On peut répondre par l'affirmative. Car si Rousseau eut d'innombrables émules (le mot «*Autobiography*» naît justement autour des années 1800, en Angleterre, à propos d'épigones, de Rousseau), il n'eut en revanche pas, à proprement parler, de précurseurs.

Certes, il emprunte à Saint Augustin (354-430) le titre de son œuvre (*Confessionum*, 400); et lorsque Montaigne (1533-1592), dans son «Avertissement au lecteur», au début des *Essais* (1580-1595), annonce qu'il voudrait se peindre «tout entier et tout nu», il emploie apparemment des termes très proches de ceux de Rousseau, déterminé à «tout dire». Mais le récit des fautes commises dans sa jeunesse par Augustin est un acte de foi, orienté par la révélation de la grâce. Quant à Montaigne, Rousseau l'accuse d'être un «faux sincère», qui «se peint de profil», car il prend soin de ne se donner que des défauts «aimables». Montaigne brosse en effet un autoportrait, support de digressions philosophiques et morales qui laissent dans l'ombre le récit des événements qui ont jalonné son existence, de même que la description de la formation de sa personnalité. Or, ceux-ci sont bien les éléments constitutifs du genre autobiographique. En effet, l'autobiographie peut être définie comme «un récit rétrospectif en prose, qu'une personne réelle fait de sa propre existence, lorsqu'elle met l'accent sur sa vie individuelle, en particulier sur l'histoire de sa personnalité» (Philippe Lejeune, *L'Autobiographie en France*, p. 14). Si l'on admet cette définition, *Les Confessions* de J.-J. Rousseau apparaissent bien comme l'acte de fondation de l'autobiographie moderne.

Autobiographie et mémoires

En quoi l'autobiographie diffère-t-elle des mémoires, genre cultivé depuis l'Antiquité (que l'on songe aux *Commentaires* de César), et qui connaît une faveur particulière dans la France du XVIIe siècle ? Le mémorialiste se présente comme un spectateur privilégié (comme Saint-Simon, par exemple, de la cour de Louis XIV) et même comme acteur de l'Histoire, alors que l'auteur d'une autobiographie se penche sur son moi individuel. La confrontation entre le court passage dans lequel le cardinal de Retz (1613-1679), par exemple, rend compte de sa naissance et les premières pages du Livre I des *Confessions* est éclairante. Elle permet de mesurer toute la distance qui sépare le récit de la vie d'un fils d'artisan obscur des mémoires d'un personnage de la haute noblesse sous Louis XIV, s'apprêtant à relater les événements historiques auxquels il a été mêlé : «Je sors d'une maison illustre en France et ancienne en Italie. Le jour de ma naissance, on prit un esturgeon monstrueux dans une petite rivière qui passe sur la terre de Montmirail, en Brie, où ma mère accoucha de moi» (Cardinal de Retz, *Mémoires*).

Un roturier éloigné de la cour et des grands, comme l'est Rousseau, ne pouvait se poser en témoin de l'histoire ni en mémorialiste. Aussi, c'est l'espace privé (par opposition à l'espace public, politique et social dont il est à peu près exclu) de son existence, sa singularité individuelle, que la bourgeoisie à laquelle il appartient valorise, qu'il fera entrer de plein droit, au grand scandale de la plupart de ses contemporains, dans le champ de l'investigation autobiographique. Il s'en explique d'ailleurs clairement, dans le Préambule de Neuchâtel, prévoyant l'objection selon laquelle sa condition sociale rendrait sa vie indigne d'être contée : «Et qu'on n'objecte pas qu'étant qu'un homme du peuple, je n'ai rien à dire qui mérite l'attention des lecteurs. Cela peut être vrai des événements de ma vie : mais j'écris moins l'histoire de ces événements en eux-mêmes que celle de l'état de mon âme, à mesure qu'ils sont arrivés. Or, les âmes ne sont plus ou moins illustres que selon qu'elles ont des sentiments plus ou moins grands ou nobles, des idées plus ou moins vives et nombreuses. Les faits ne sont ici que des causes occasionnelles. Dans quelque obscurité que j'ai pu vivre, si j'ai pensé plus et mieux que les rois, l'histoire de mon âme est plus intéressante que celle des leurs. »

« Un pas de plus dans la connaissance des hommes »

Dans le préambule du premier manuscrit des *Confessions* (dit de « Neuchâtel » parce que Rousseau le rédige pendant son séjour dans cette principauté, entre la fin de 1764 et le début de 1765), est développée une conception originale de l'autobiographie dans des termes un peu différents de ceux de l'*Avertissement* qui précède le manuscrit définitif, où l'accent est plutôt mis sur le désir de Rousseau de se justifier, de défendre sa mémoire des calomnies dont l'accablent ses adversaires.

Ainsi, avant d'être une pièce à conviction, *Les Confessions* se veulent un ouvrage utile, instructif : les hommes, aveuglés par l'amour-propre, ne se connaissent guère, et portent sur eux-mêmes et sur autrui des jugements erronés, car ils manquent de points de repère : *Les Confessions*, seront justement cette « pièce de comparaison » (Préambule de Neuchâtel) dont la confrontation avec soi-même est indispensable pour progresser dans la connaissance de soi. On peut noter que Rousseau s'exempt lui-même de cette médiation qu'il juge essentielle pour les autres ; au moment où il écrit *Les Confessions*, il a la certitude de se connaître : « Je sens mon cœur et je connais les hommes » (Préambule). On peut noter que, curieusement, dans *Les Rêveries du promeneur solitaire* (1776-1778), il se montrera plus circonspect : « Qui suis-je moi-même ? Voilà ce qui me reste à chercher. »

Un précurseur de la psychologie moderne

Il est indéniable que Rousseau ait bouleversé les conceptions traditionnelles, héritées du classicisme et confirmées par le rationalisme des Lumières, du rôle de l'enfance, du processus de formation de la personnalité, du mécanisme de la mémoire. Certains psychanalystes, tel René Laforgue, le considèrent même comme un précurseur de la psychologie freudienne. Ainsi l'importance accordée aux événements qui ont marqué les premières années de sa vie (considérés par les lecteurs contemporains de Rousseau, dans leur immense majorité, comme des vétilles, des puérilités sans intérêt) doit être soulignée. Même si Rousseau se trompe, en attribuant à une fessée reçue à l'âge de onze ans l'orientation masochiste de sa sexualité, il n'en a pas moins le mérite d'avoir cherché dans la petite enfance l'origine des complexes et des troubles de la personnalité de l'adulte.

En outre, le caractère d'un individu et les motivations qui le déterminent à agir sont bien malaisés à définir, d'autant plus qu'elles lui échappent à lui-même. Ainsi, au moment de sa «Réforme», Rousseau est persuadé de mettre au jour sa vraie nature en adoptant le ton d'un censeur rigoriste, d'un contempteur de la civilisation : il découvre un peu plus tard que ses aspirations sont tout autres. Bien souvent un sentiment, un trait de caractère, ont des conséquences radicalement opposées à celles auxquelles on aurait pu s'attendre. C'est sa découverte précoce de la sexualité qui a rendu Rousseau chaste et vertueux, car «c'est encore ainsi que ce qui devait [le] perdre [le] conserva»; c'est par amour pour Marion qu'il la dénonce et la calomnie; c'est par dédain de l'argent qu'il est avare; il aime trop Mme de Warens pour la posséder. Le paradoxe ne rend pas toujours compte de l'étrangeté de ses actes; il doit parfois se contenter de relever dans son comportement des «extravagances», des «folies», des «bizarreries», qu'il renonce à expliquer. C'est «qu'il y a des moments de délire où il ne faut point juger les hommes par leurs actions». Ainsi, Rousseau, dévoré de timidité au point d'être incapable, au faîte de sa gloire, d'articuler devant le consistoire* de Môtiers («un ministre et six paysans»!) le discours qu'il a préparé, prononce, à l'âge de dix-huit ans, une harangue improvisée devant le Sénat de Berne sans éprouver le moindre trouble.

Une psychologie sensualiste

Rousseau partage les thèses de son ami de Condillac (1714-1780), théoricien en France du sensualisme, doctrine philosophique selon laquelle toutes nos connaissances viennent de nos sensations. Rousseau avait d'ailleurs l'intention d'exposer les principes de cette doctrine dans un ouvrage intitulé *La Morale sensitive, ou le Matérialisme du Sage*, resté finalement à l'état de projet. Il estime en effet que les impressions qui se gravent dans l'esprit humain par l'intermédiaire des sens déterminent les idées, les comportements, la personnalité de chacun: «Les climats, les saisons, les couleurs, l'obscurité, la lumière, les éléments, les aliments, le bruit, le silence, le repos, tout agit sur notre machine, et sur notre âme.»

La distinction cartésienne de l'âme et du corps («notre machine») s'avère donc caduque. Le sentiment de liberté associé à l'exercice d'un corps en bonne santé rend les voyages à pied propices au développement de l'imagination et de la veine poétique de Rousseau ; la couleur bleue de la pervenche et les sonorités d'une phrase prononcée par Mme de Warens, inconsciemment mémorisées, peuvent, si les sensations qu'elles ont provoquées jadis se reproduisent, ressusciter le monde perdu des Charmettes. La passion de Rousseau pour la musique est quant à elle l'effet des «fortes impressions» causées chez l'enfant par la douceur, la voix et la jolie figure de la tante Suzon. C'est pourquoi, pour comprendre un individu, il faut «remonter aux premières traces de [son] être sensible». Ces sensations constituent le «fil [des] dispositions secrètes» (Préambule de Neuchâtel) que Rousseau, s'efforçant de «tout dire», même les «détails révoltants, indécents, puérils et souvent ridicules», laisse au lecteur le soin de reconstituer, de peur d'être accusé de falsifier la vérité : «C'est à lui [au lecteur] d'assembler les éléments et de déterminer l'être qu'ils composent ; et s'il se trompe alors, toute l'erreur sera de son fait.»

Un plaidoyer

Si Rousseau laisse au lecteur le soin de dresser un bilan à partir des indications qu'il lui donne sur sa personnalité, c'est que l'analyse psychologique se double d'une intention apologétique : au lecteur est attribué un rôle de juge et d'arbitre. Rousseau ne cherche pas seulement à instruire les hommes ; il leur demande de l'absoudre. De quels crimes ? Les chefs d'accusation (réels et imaginaires) sont multiples. Au moment où Rousseau se détermine à écrire *Les Confessions*, après la condamnation de l'*Émile* (1761), un libellé injurieux intitulé *Le Sentiment des citoyens*, que Rousseau attribue à tort à son ancien ami le pasteur Vernes, alors que l'auteur, de toute évidence, en est Voltaire, révèle au public l'abandon par Rousseau de ses cinq enfants, et l'accuse, ainsi que Thérèse, de débauche. Rousseau récuse longuement l'une et l'autre de ces accusations. Le récit de son échec auprès de la courtisane Zulietta, l'insistance avec laquelle il évoque son dégoût pour les prostituées, sa terreur des maladies vénériennes et les précisions qu'il donne sur les maux dont il souffre, sont à mettre en relation avec sa volonté constante, quoique souvent implicite, de repousser les calomnies de Vernes-Voltaire. Quant à l'abandon de ses enfants, Rousseau s'en explique à plusieurs reprises, faisant alterner les justifications et les remords.

Rousseau se défend également avec acharnement contre la campagne de dénigrement systématique à laquelle se livrent contre lui ses anciens amis, à partir de 1758. Convaincus que la sociabilité est naturelle, alors que Rousseau soutient dans le *Discours sur l'origine de l'inégalité* que l'homme naturel est seul, les chefs de file des Encyclopédistes attribuent à la misanthropie la «réforme» de Rousseau, et son isolement volontaire à la campagne. Pourtant, contrairement à ce qu'affirme perfidement Diderot, «il n'y a pas que les méchants qui soient seuls» : Rousseau s'attarde à dessein sur le récit d'amitiés exemplaires, avec son cousin Bernard, avec l'Espagnol Altuna, avec le maréchal de Luxembourg, avec le maréchal Keith, avec l'aventurier Sauttern. Après la condamnation de l'*Émile* (1761), Rousseau doit faire face à des accusations de plus en plus graves. Pour les Encyclopédistes, il est un fou et un méchant homme, pour les autorités politiques, il est un penseur subversif, pour le peuple, il est l'Antéchrist en personne. Aussi Rousseau, dans *Les Confessions*, n'a-t-il de cesse de prouver qu'il est un bon ami, un croyant, un sujet respectueux des lois. L'obsession d'un complot universel visant à le discréditer et à le perdre vient cependant exaspérer le besoin qu'éprouve Rousseau de se justifier : il finira par se persuader que ses anciens amis tentent de l'impliquer dans l'attentat de Damiens contre Louis XV.

Mais Rousseau ne se contente pas de repousser les accusations de ses adversaires. Il a, à ses propres yeux, bien d'autres fautes à expier. Le «labyrinthe obscur et fangeux» des *Confessions* le conduit à égrener des aveux plus ou moins pénibles avec un pathos* qui n'est pas sans déranger et dérouter le lecteur, sommé de présider au procès que Rousseau instruit contre lui-même. Cet étrange pacte de lecture se trouve en outre dramatisé par le fait que le lecteur est l'unique dépositaire de confessions souvent impudiques que Rousseau, au cours de sa vie, «n'a jamais pu prendre sur [lui] de décharger [...] dans le cœur d'un ami». Le plaisir éprouvé lors de la fessée administrée par Mlle Lambercier, l'accusation de la servante Marion, l'abandon de son maître de musique malade, sont aux yeux de Rousseau autant d'«actions atroces» ou de secrets «ridicules et honteux» qui déconcertent parfois le lecteur : le remords d'avoir laissé mourir – vingt ans après qu'elle l'eut abandonné ! –, Mme de Warens dans la misère le laisse inconsolable. Il va même se faire un scrupule d'avoir embrassé sur la joue un enfant de dix ans !

Plus étonnant encore est le remords d'avoir choisi le «métier funeste» d'auteur. N'est-ce pas là la faute originelle ? Rousseau y voit en tout cas l'origine de ses malheurs, et ne cesse de regretter la vie d'artisan à laquelle il a renoncé à l'âge de seize ans en s'enfuyant de Genève.

AUTOBIOGRAPHIE ET ROMAN

Art ou artifice ?

Si Rousseau a pu considérer le métier d'écrivain comme une malédiction, ce n'est pas seulement à cause des persécutions qui ont sanctionné la divulgation de théories audacieuses, en particulier après la publication de l'*Émile*; l'écriture, en tant que travail sur le langage, mise en forme, donne obligatoirement du réel, selon Rousseau, une représentation infidèle. L'œuvre d'art est donc, comme Rousseau l'a montré dans le *Discours sur les Sciences et les Arts*, mensongère, car artificielle. Comment l'écriture autobiographique, qui établit précisément avec le lecteur un pacte de lecture reposant sur la sincérité de l'auteur, s'accommode-t-elle de cette aporie* ?

Rousseau, dans le Préambule, semble vouloir ignorer cette contradiction, ou à tout le moins la minimiser. Certes, l'oubli peut excuser bien des erreurs : «S'il m'est arrivé d'employer quelque ornement indifférent, ce n'a jamais été que pour remplir un vide occasionné par mon défaut de mémoire.» Il suffit que la vraisemblance soit respectée et que l'intention soit pure : «J'ai pu supposer vrai ce que je savais avoir pu l'être, jamais ce que je savais être faux.»

Par ailleurs, Rousseau, en affirmant qu'il narre moins l'histoire des événements de sa vie que «celle de l'état de son âme» (Préambule de Neuchâtel), rend par avance caduques toutes les objections qui consisteraient à relever les distorsions entre la version des faits présentée dans *Les Confessions* et la réalité, telle qu'ont réussi à l'établir les critiques littéraires. Les hiatus sont en fait peu nombreux; pourtant, on peut déceler dans les six premiers livres une tendance certaine à l'idéalisation. Le séjour aux Charmettes, par exemple, au Livre VI, est nimbé d'une atmosphère idyllique qui est assurément en contradiction avec la dégradation effective des relations entre Rousseau et Mme de Warens à cette époque; mais les Charmettes deviennent ainsi le cadre d'un paradis perdu dont Rousseau se considérera désormais irrémédiablement exclu. Ici, «l'histoire des événements» s'avère erronée, celle des émotions est exacte.

Ainsi, les rapports entre la réalité et sa transcription par le récit autobiographique sont plus complexes que Rousseau ne l'admet dans le Préambule. La confusion constante qu'il opère, dans *Les Confessions*, entre «mémoire» et «imagination» nous le confirme. Si le travail de la mémoire consiste bien, ainsi que Rousseau l'affirme à plusieurs reprises, à sélectionner les images les plus attrayantes imprimées dans le souvenir, il ne faut pas s'étonner que le séjour aux Charmettes ou les figures des femmes aimées soient idéalisés. Mémoire et imagination, pour Rousseau, œuvrent dans le même sens : l'embellissement du réel et la résurrection du bonheur perdu. «Tout sentiment pénible me coûte à imaginer», note Rousseau. Il pourrait ajouter : et à me remémorer. Cette tendance à l'idéalisation, perceptible dans les six premiers livres, n'est en outre pas tout à fait étrangère à la stratégie apologétique de l'auteur : ne prouve-t-elle pas la bonté de son cœur ?

Les modèles romanesques dans *Les Confessions*

Dans ces conditions, il est impossible que les frontières entre autobiographie et roman soient étanches. *Les Confessions* présentent de multiples points de rencontre avec la littérature romanesque qu'elles utilisent, imitent, pastichent. De nombreux épisodes, comme le vol des pommes et des asperges dans le Livre I, le voyage à Turin en compagnie des époux Sabran, «le dévôt guide et sa sémillante compagne», l'errance à Turin du nouveau converti, la folle équipée avec le voyou Bâcle, les tribulations rocambolesques et les mauvaises rencontres de Jean-Jacques réduit à dormir à la belle étoile, ont une tonalité nettement picaresque*. Les thèmes du vagabondage, du vol, la découverte de milieux sociaux différents, des plus aristocratiques aux plus humbles, l'appétit de découverte d'un jeune héros destiné par sa mauvaise étoile, et en dépit de ses bonnes intentions, à «dégénérer» sont caractéristiques de la littérature picaresque, que Rousseau découvre précisément au Livre IV – ne s'agirait-il pas là d'une discrète mise en abyme* ? –, en lisant *Gil Blas*.

Rousseau n'utilise pas seulement le modèle picaresque. Il joue avec les références, exploite différents registres. Il ne dédaigne pas le burlesque.

Au Livre I, il esquisse un pastiche de la littérature médiévale («Ô vous, lecteur, écoutez-en l'horrible tragédie, et abstenez-vous de frémir, si vous pouvez»), puis une parodie de la tragédie classique («Je jurai dans mon noble courroux de ne plus revoir la perfide»). Le modèle chevaleresque et pastoral des romans lus pendant l'enfance est lui aussi fréquemment convoqué, qu'il soit dénoncé avec humour ou qu'il imprègne l'atmosphère de ces «journées», qui, conformément à la tradition de l'idylle*, réunissent dans un cadre champêtre tous les plaisirs nécessaires à la jouissance d'un bonheur dans l'innocence.

Il ne s'agit pourtant pas là «d'ornements indifférents», ni d'artifice mensonger. Cette alternance de la veine picaresque et du ton élégiaque*, qui caractérise la première partie des *Confessions*, rend aussi compte des multiples contradictions qui marquent la personnalité de Rousseau, tel qu'il se définit au Livre I. Elle signale également l'ambivalence de l'auteur à l'égard de son passé, qu'il considère tour à tour de façon attendrie et amusée (cf. citation de Jean Starobinski, *Balises*, p. 118-119).

Jean-Jacques, Saint-Preux

La tentation du romanesque ne se limite pas à l'utilisation ludique de modèles et de références littéraires. Rousseau, dans *Les Confessions*, ne cesse de s'identifier à des personnages historiques ou romanesques. Il est tour à tour Scaevola, héros de Plutarque, un «paladin» tout droit sorti des romans de chevalerie, Don Quichotte cherchant l'aventure sous les fenêtres d'hypothétiques princesses, un marquis d'une comédie de Marivaux (*Le Legs*), Robinson Crusoé, le Tasse. Il lui arrive même de créer son personnage de toutes pièces, et son goût pour l'identification à un modèle tourne alors à la mystification. Ainsi, pour échapper à une correction, il se fait passer pour un prince étranger atteint d'une maladie mentale : son «expédient romanesque» réussit. Au Livre IV, Rousseau devient Vaussore de Villeneuve, musicien de Paris. Au Livre VI, il se fait passer pour un Anglais, du nom de Dudding, tout en ne connaissant de l'Angleterre que ce qu'il en a lu dans Hamilton.

Mais si Rousseau dénonce avec humour le «tempérament romanesque» qui l'a souvent poussé, surtout dans sa jeunesse, à se prendre pour un personnage de roman, il ne cesse de s'identifier, au moment où il rédige *Les Confessions*, avec Saint-Preux, le héros de *La Nouvelle Héloïse*, qu'il a d'ailleurs créé à son image.

Ici, autobiographie et roman se superposent et se confondent. Lorsque Rousseau retrouve Mme de Warens après sa fuite de Turin, il voit «porter son petit paquet dans la chambre qui [lui est] destinée, un peu comme Saint-Preux vit remiser sa chaise chez Mme de Wolmar». Il commet une mauvaise action : «Je sortis... aussi honteux que Saint-Preux sortit de la maison où on l'avait enivré, et je me rappelais bien mon histoire en écrivant la sienne.» Par un étrange effet de trompe-l'œil, le roman devient l'univers de référence de la réalité.

Les situations de *La Nouvelle Héloïse* apparaissent d'ailleurs souvent en filigrane dans *Les Confessions*. L'amour presque indifférencié que

Jean-Jacques voue à Mlle Galley et à Mlle de Graffenried, la tendre amitié qui unit les deux jeunes filles évoquent les relations des trois personnages principaux de *La Nouvelle Héloïse*, Saint-Preux, Claire et Julie. De même, le voyage d'Isaac Rousseau afin d'oublier une femme que les préjugés sociaux l'empêchent d'épouser ressemble à celui de Saint-Preux tentant en vain d'oublier Julie. Enfin, la petite société formée par Mme de Warens, Jean-Jacques et Claude Anet préfigure d'une certaine façon celle de Clarens, qui réunit Julie, son ancien amant Saint-Preux, et son mari M. de Wolmar.

Il ne faudrait pas en conclure de façon trop hâtive que Rousseau a puisé dans sa biographie les motifs qu'il développe dans son roman. Lorsque, dans une mise en abyme* vers laquelle converge l'ensemble des *Confessions*, Rousseau décrit le processus de transformation des souvenirs en matière romanesque, on s'aperçoit que les rapports entre autobiographie et roman sont loin d'être univoques : certes, si presque tous les personnages féminins des *Confessions*, de Mlle Goton à Zulietta, défilent à nouveau au Livre IX et prêtent leurs traits à Claire et à Julie, Mme d'Houdetot est à son tour une projection dans la réalité du personnage de Julie. D'ailleurs, on sait que certains épisodes des *Confessions*, comme l'amour muet de Jean-Jacques pour Mme Basile, ont été composés précisément à l'Ermitage, dans cette période d'exaltation qui a caractérisé la composition de *La Nouvelle Héloïse*. À travers Mme Basile et Mme d'Houdetot, on peut estimer que la fusion entre autobiographie et roman est achevée.

DU ROMAN AU MYTHE

De Saint-Preux à Jésus-Christ

Rousseau prend soin de mettre en garde son lecteur contre une assimilation simpliste de l'auteur et de son personnage : « Ce qui me rendit les femmes si favorables fut la persuasion où elles furent que j'avais écrit ma propre histoire, et que j'étais moi-même le héros de ce roman [...] : je ne voulus ni confirmer ni détruire une erreur qui m'était si avantageuse. » De même, il dénonce avec humour les modèles qu'il a suivis dans sa jeunesse, sans épargner les parangons de l'âge mûr : le poète inspiré, le moraliste inflexible sont autant de personnages joués de bonne foi, qui ne sont en définitive que « des illusions de [son] sot orgueil ».

Il n'en reste pas moins que Rousseau, dans *Les Confessions*, crée un personnage, Jean-Jacques, dont l'exposé des malheurs n'est pas sans se colorer quelquefois de résonances mythiques. Il faut d'abord souligner que la façon dont Rousseau se désigne volontiers lui-même, par son prénom (par exemple au Livre XII : «Autre fête pour Jean-Jacques!»), est significative. Elle connote l'innocence d'un homme dont la naïveté est un reliquat de l'enfance et de l'état de nature ; elle fait basculer le personnage de la position d'accusé à celle de victime. Jean-Jacques est en effet aux prises avec la fatalité : il est doté, tel un personnage tragique, d'un destin, et il sait en reconnaître les signes. Ainsi, lorsqu'il voit se lever le pont-levis qui le sépare désormais de Genève : «Je frémis en voyant en l'air ces cornes terribles, sinistre et fatal augure du sort inévitable que ce moment commençait pour moi.» Jean-Jacques est également sujet à des pressentiments, à des «visions prophétiques», dont il se plaît à vérifier la justesse.

On peut remarquer que la fatalité qui poursuit Jean-Jacques contrarie en fait le cours d'une existence conforme à sa nature. Loin de permettre l'épanouissement de ses dispositions réelles, elles l'arrachent à un bonheur originel que rien, sauf un accident imprévisible, n'aurait dû normalement perturber : «Avant de m'abandonner à la fatalité de la destinée, qu'on me permette de tourner un moment les yeux sur celle qui m'attendait naturellement si j'étais tombé dans les mains d'un meilleur maître.» Ainsi l'existence de Jean-Jacques se déroule-t-elle selon une logique qui n'est pas sans rappeler l'histoire de l'humanité, telle que Rousseau la brosse dans le *Discours sur l'origine de l'inégalité* : l'état de nature, associé au bonheur et à l'innocence, a été interrompu par des événements (comme la découverte du langage et l'invention de la propriété) que rien ne nous permet de considérer comme inévitables, pas plus que la sortie de Genève, ou la composition du *Discours sur les Sciences et les Arts*. De plus, Jean-Jacques, subissant les mauvais traitements de son maître, «dégénère» comme l'humanité après qu'un pseudo-contrat, injuste, a entériné la domination du plus faible par le plus fort. Autre parallèle : la liberté de l'état de nature est définitivement perdue pour l'humanité réduite en esclavage ; ainsi Rousseau constate-t-il que le bonheur des origines est toujours derrière lui : «Là fut le terme de la sérénité enfantine, dès ce moment, je cessai de jouir d'un bonheur pur.»

C'est parce que le destin de Rousseau ressemble dans une certaine mesure à l'histoire de l'humanité qu'il rejoint le mythe. En outre, en se donnant le rôle d'une victime persécutée, selon les plans des auteurs d'un complot qui devient universel, Rousseau, vers la fin de sa vie se compare de plus en plus volontiers à Socrate ou à Jésus. Le Préambule des *Confessions*, dans lequel Rousseau s'adresse à Dieu et se dépeint comme un représentant et une victime de l'humanité («Qu'ils gémissent de mes indignités, qu'ils rougissent de mes misères»), signale cette implicite identification au Christ.

Le culte de l'écrivain

Cette mythification de Rousseau par lui-même, qui est à l'œuvre dans *Les Confessions*, ne fait que préparer le culte qui lui sera rendu après sa mort. Celui-ci, sans exemple dans les annales de l'histoire littéraire, n'est pas le fruit du hasard; la relation très particulière que Rousseau instaure avec son lecteur contraint celui-ci à prendre parti, à se déclarer en faveur de l'auteur ou contre lui.

La lecture des *Confessions* ne peut en effet laisser indifférent; elle suscite une adhésion passionnée ou une hostilité déclarée. À la fin du XVIIIe siècle, c'est la sympathie pour l'auteur qui prévaut. Le contempteur de l'injustice et de l'inégalité reçoit autant d'hommages que l'homme sensible persécuté. Le XIXe siècle se montrera plus réticent. Le dégoût de Chateaubriand pour ces confessions qu'il juge impudiques et trop plébéiennes est exemplaire. Les lecteurs de 1830 préféreront l'aristocratique Byron à l'ancien laquais du comte de Gouvon. *Les Confessions* n'en sont pas moins devenues pour le genre autobiographique une référence incontournable.

Les Rêveries du promeneur solitaire
(1776-1777)

RÉSUMÉ

Première promenade : Rousseau dresse d'abord un bilan de son existence empoisonnée par les persécutions dont il est l'objet depuis la parution de l'*Émile* (1762). Après le constat d'une solitude absolue et définitive, il affirme que le renoncement et la résignation ont converti son désespoir en une sérénité proche de l'ataraxie. Le projet des *Rêveries* s'inscrit donc dans cette perspective : il ne s'agit plus de se justifier, comme dans les *Dialogues*, mais de se connaître (ainsi les *Rêveries* sont-elles «un appendice des *Confesions*») et de se préparer à la mort ; Rousseau se propose également de fixer par l'écriture les méditations et les vagabondages de son imagination, auxquels sont particulièrement propices ses promenades quotidiennes dans les environs de Paris.

Deuxième promenade : après avoir noté que la propriété essentielle de l'écriture de ses rêveries est de les lui faire revivre, Rousseau relate une promenade à Ménilmontant. L'après-midi, passé à herboriser, est meublé de réflexions mélancoliques associées au spectacle des vendanges. Il s'achève par un accident et une expérience insolite : le promeneur, revenant d'un évanouissement (il a été renversé par un chien), éprouve une sensation de plaisir, proche de l'extase. Mais les suites de cette mésaventure (en particulier la fausse nouvelle de sa mort) accentuent la hantise du complot de Rousseau.

Troisième promenade : Rousseau, brossant à nouveau rapidement le cours de sa vie (du séjour chez Mme de Warens à sa «réforme»), explique dans quelles circonstances il a choisi une fois pour toutes des principes moraux et religieux qui le soutiennent désormais dans l'adversité.

Quatrième promenade : cette rêverie est consacrée à une réflexion sur le mensonge et à un examen de conscience. Rousseau revient sur l'épisode du ruban volé, déjà relaté dans *Les Confessions*, et réitère ses remords d'avoir injustement accusé la servante Marion. Il note cependant que, s'il n'a pas toujours scrupuleusement respecté la vérité dans *Les Confessions*, jamais il n'a maquillé les faits à son avantage. Il aurait plutôt noirci son portrait : il raconte d'ailleurs deux épisodes de son enfance, à l'occasion desquels il a montré courage et générosité, et qu'il a tus dans *Les Confessions*. La distinction finale, entre les mensonges innocents (c'est-à-dire les fictions) et les vrais mensonges, n'apaise pas totalement ses scrupules.

Cinquième promenade : Rousseau relate son trop court séjour à l'île Saint-Pierre (entre le 12 septembre et le 24 octobre 1765), halte enchanteresse dans l'errance qui lui est imposée depuis le décret de prise de corps de 1762. L'herborisation, l'isolement, l'oisiveté, les promenades sur le lac de Bienne lui ont offert, pendant ces quelques semaines, des plaisirs sans mélange. Rousseau analyse et ressuscite cette jouissance faite d'une absorption totale dans l'instant présent : pour le proscrit, le plaisir du souvenir et de l'écriture se substitue désormais au bonheur perdu, et peut-être le surpasse.

Sixième promenade : Rousseau s'interroge sur ses dispositions à la bienfaisance, et note que son plaisir à faire le bien est souvent contrarié par son horreur de toute relation de dépendance. Il constate ensuite que les persécutions subies ont peut-être altéré son bon naturel, et le souvenir obsédant du complot suscite une rêverie extravagante : que n'est-il, comme le légendaire roi Gygès, en possession d'un anneau qui le rende invisible !

Septième promenade : elle est consacrée à la botanique, étude à laquelle Rousseau se livre avec une passion intermittente depuis qu'il a entamé sa vie de proscrit. Il se soucie d'ailleurs moins d'acquérir un savoir que de concentrer son attention, au cours de ses promenades, sur des objets qui le distraient de ses malheurs. Herboriser met en outre Rousseau en contact avec une nature qui est toujours associée à la félicité de l'âge d'or, ou du jardin d'Éden. L'herbier permet enfin de conserver le souvenir d'anciennes promenades, et de garder le témoignage des moments heureux.

Huitième promenade : Rousseau revient sur sa situation d'alors et s'attarde sur le paradoxe de sa sérénité présente, conquise grâce à l'excès de ses malheurs. La solitude absolue a rendu en effet la victime du complot enfin libre et hors d'atteinte. Le renoncement à l'ambition comme aux affections humaines l'a délivré de l'amour-propre, source d'inquiétude et de souffrance ; indifférent à tout,

Rousseau peut enfin jouir du seul fait d'exister, comme à l'île Saint-Pierre.

Neuvième promenade : Rousseau note son plaisir à se voir entouré de manifestations de joie, et rêve de l'unanimité bienveillante qui règne dans les fêtes des peuples vertueux. Après être revenu sur l'abandon de ses propres enfants, sur lequel il s'explique à nouveau, il prouve, au travers de plusieurs anecdotes, qu'il aime les enfants. Plusieurs rencontres fortuites, au cours de ses promenades, lui ont fait goûter les douceurs (vite empoisonnées par le bruit de sa réputation ou par les manœuvres des artisans du complot) d'une sociabilité sans contrainte et sans faux-semblant. Loin d'être misanthrope, Rousseau est ému par les moindres expressions de sympathie à son égard, de la part d'inconnus comme les pensionnaires auxquels il offre des gâteaux, ou le vieux soldat qu'il aide à descendre d'une barque. Ces hasards consolateurs confirment en outre la bonté du cœur de Jean-Jacques.

Dixième promenade : Rousseau évoque à nouveau, dans cette promenade restée inachevée, le bonheur vécu aux Charmettes auprès de Mme de Warens.

COMMENTAIRE

LA QUÊTE DE SOI

« Un appendice des *Confessions* » ?

Dès la première promenade, qui est en quelque sorte un préambule aux *Rêveries*, dans lequel l'auteur explique son projet et sa méthode, Rousseau a soin d'inscrire *Les Rêveries du promeneur solitaire* (qu'il appelle « un appendice des *Confessions* ») dans la lignée de ses précédents écrits autobiographiques. Le dernier livre des *Confessions* s'achevait après la lapidation de Môtiers, le séjour à l'île Saint-Pierre et le début de l'exil de Rousseau, incertain sur son lieu de destination, l'Angleterre ou la Prusse. Il promet une troisième partie qui ne verra pas le jour, et dont les *Rêveries*, écrites six ans après, alors que Rousseau vit de nouveau à Paris, rue Plâtrière, dans un semi-anonymat, peuvent tenir lieu. La première phrase de la première promenade suggère d'ailleurs (grâce à la conjonction de coordination) la reprise d'un monologue interrompu : «Me voici donc seul sur la terre.»

Mais Rousseau souligne aussi l'écart qui sépare les *Rêveries* de ses écrits autobiographiques antérieurs. Il a renoncé à se justifier : Rousseau croit que ces «monuments de son innocence» que sont les *Dialogues* et *Les Confessions* ont été détruits par ses ennemis ou même que ceux-ci se préparent, après sa mort, à présenter une édition falsifiée de ses œuvres. Rousseau n'écrit plus que pour lui-même (c'est même ce qui distingue, selon lui, son entreprise de celle de Montaigne : «Il n'écrivait ses *Essais* que pour les autres, et je n'écris mes rêveries que pour moi»). Le lecteur, l'ami (comme M. de Malesherbes, auquel Rousseau a adressé en 1762 quatre lettres autobiographiques pour expliquer et excuser l'apparente bizarrerie de son caractère et de son comportement), Dieu (vers lequel il se tourne dans le Préambule des *Confessions*, et auquel il veut confier le manuscrit de ses *Dialogues*, en tentant de déposer celui-ci, en février 1776, sur l'autel de Notre-Dame), sont remplacés par Jean-Jacques lui-même, auteur et destinataire des *Rêveries* : «En dépit des hommes je saurai encore goûter le charme de la société, et je vivrai décrépit avec moi dans un autre âge, comme je vivrai avec un moins vieux ami.»

Cependant il ne faut pas exagérer la distance entre les *Rêveries* et les textes autobiographiques qui les ont précédées : l'écriture du dernier Dialogue et celle de la première Rêverie ont en fait été contemporaines ; et ce n'est que quelques mois avant la rédaction des *Rêveries* que Rousseau distribua dans la rue un message intitulé «À tout Français aimant encore la justice et la vérité», dans lequel il tentait de prouver son innocence. Dans la quatrième promenade, sur le mensonge, la sixième, sur la bienfaisance, la neuvième, sur la sociabilité, le ton du plaidoyer se fait encore entendre : dans celle-là, Rousseau ne revient-il pas sur les motifs qui l'ont poussé à abandonner ses enfants ? Dans la quatrième promenade, il exprime à nouveau ses remords concernant le vol du ruban et l'accusation de la servante Marion, alors qu'il s'était déjà longuement justifié à ce propos à la fin du Livre II des *Confessions*.

Si les *Rêveries* diffèrent pourtant profondément des *Confessions*, c'est moins par leur objectif que par leur méthode. «Le récit rétrospectif en prose», qui, selon Philippe Lejeune, caractérise l'autobiographie, et dont *Les Confessions* inaugurent la formule, est abandonné, parce qu'il est inapte à traduire les fluctuations d'une conscience qui oscille entre le ressassement de ses hantises et les courtes extases procurées par la rêverie. Il s'agit toujours de se connaître; Rousseau se donne ce but dès les premières lignes de la première promenade, comme si l'investigation menée dans *Les Confessions* s'était soldée par un échec, ou du moins s'était révélée peu satisfaisante : «Que suis-je moi-même ? Voilà ce qui me reste à chercher.» Au début de la quatrième promenade, Rousseau est encore plus explicite, puisqu'il se dit «confirmé dans l'opinion déjà prise que le "connais-toi toi-même" du temple de Delphes n'était pas une maxime si facile à suivre qu'[il] avait cru dans [ses] *Confessions*». Cette prudence tranche avec l'affirmation du Préambule des *Confessions* : «Je sens mon cœur et je connais les hommes.» Dans la sixième promenade, Rousseau renchérit : «Les vrais et premiers motifs de mes actions ne sont pas aussi clairs à moi-même que je me l'étais longtemps figuré.» D'ailleurs, dans la même promenade, Rousseau qui a toujours affirmé une certaine permanence de son être, ou à tout le moins de sa nature profonde, reconnaît : «Peut-être sans m'en apercevoir ai-je changé moi-même plus qu'il n'aurait fallu.»

Aussi, pour appréhender cet être contradictoire et changeant, Rousseau aura recours, non plus au récit, comme dans *Les Confessions*, ou au débat entre l'accusation et la défense, comme dans les *Dialogues*, ni à la lettre, mais à une esthétique du fragment et de la discontinuité. Pour atteindre son but, qui est de «rendre compte des modifications de [son] âme et de leur succession», Rousseau tiendra un «registre fidèle», un «informe journal» de ses rêveries. Celles-ci ont d'ailleurs été écrites au cours des promenades de Rousseau sur des cartes à jouer : il s'agit de réduire autant qu'il est possible l'écart entre la rêverie vécue et la rêverie écrite : le vocabulaire scientifique pour définir son entreprise («Je ferai moi-même à quelques égards les opérations que font les physiciens sur l'air [...] j'appliquerai le baromètre à mon âme») suggère ce souci d'adéquation entre le vécu et l'écriture.

Les pièges de l'introspection

Il serait donc vain de chercher dans les *Rêveries* une unité stylistique ou thématique. Si certaines s'attachent à restituer, à ressusciter un moment de bonheur, d'autres s'apparentent davantage à un examen de conscience. Rousseau, dès la première promenade, annonce que l'investigation psychologique et l'exhumation de ses extases se doublent d'un projet moral : «Je consacre mes derniers jours à m'étudier moi-même et à préparer d'avance le compte que je ne tarderai pas à rendre de moi.» Les rêveries sont aussi un testament, un bilan, un exercice spirituel : «Si à force de réfléchir sur mes dispositions intérieures je parviens à les mettre en meilleur ordre et à corriger le mal qui peut y rester, mes méditations ne seront pas totalement inutiles.»

Se rapprochant des *Essais* dans lesquels Montaigne se proposait d'«apprendre à mourir», la promenade peut donc aussi être un outil de perfectionnement moral : «Je résolus d'employer à m'examiner sur le mensonge la promenade du lendemain [...]. Le lendemain, m'étant mis en marche pour exécuter cette résolution, la première idée qui me vint en commençant à me recueillir...» Le cheminement de l'introspection n'a pas recours à la prose poétique des Rêveries consacrées à l'écriture du bonheur, mais à la rhétorique de l'argumentation, au vocabulaire des moralistes classiques, tels Pascal (dont il paraphrase le pari : «exposer le sort éternel de mon âme pour la jouissance des biens de ce monde qui ne m'ont jamais paru d'un grand prix»), Bossuet, La Bruyère. Le dernier paragraphe de la troisième promenade, notamment (avec les mots «misère», «connaissances vaines»), a recours au registre de la méditation chrétienne; à la fin de la seconde promenade, Rousseau fait également référence à Saint Augustin.

Mais ces examens de conscience, qui sont à certains égards des plaidoyers déguisés (les deux souvenirs d'enfance rapportés dans la quatrième promenade tendent surtout à montrer Rousseau, accusé par ses ennemis de misanthropie, sensible à l'amitié jusqu'au sacrifice et l'héroïsme), ne laissent pas d'être contradictoires. Comment Rousseau peut-il à la fois projeter de se corriger, de «redresser [ses] erreurs», alors qu'il affirme que ses principes moraux et religieux ont été arrêtés une fois pour toutes à l'âge de quarante ans ? Dans la quatrième promenade, Rousseau justifie le mensonge littéraire (ce qui annule l'assimilation, proclamée dans le *Discours sur les Sciences et les Arts*, entre art et artifice), et en particulier l'idéalisation de son passé perceptible dans *Les Confessions* : «J'aimais à m'étendre sur les moments heureux de ma vie, et je les embellissais quelquefois des ornements que de tendres regrets venaient me fournir.» Aussi l'acte de contrition des deux derniers paragraphes de la promenade apparaît comme un repentir tardif et peu sincère après que Rousseau a clairement légitimé la fausseté de la fable : «J'avoue que quiconque se reproche une pure fiction comme un mensonge a la conscience plus délicate que moi.» La sixième promenade, dans laquelle Rousseau analyse le paradoxe d'une prédisposition réelle pour la bienfaisance (la pitié est, selon l'auteur du *Discours sur l'origine de l'inégalité*, du domaine de l'instinct), associée à une certaine incapacité à faire le bien, aboutit à une apologie qui renoue avec les hyperboles et les superlatifs du Préambule des *Confessions*. L'introspection ramène en fait souvent Rousseau (parfois par des chemins détournés, comme dans la sixième promenade) au versant obscur des *Rêveries* : l'écriture du complot.

LA RÊVERIE COMME EXORCISME

Le renversement

Dès la première promenade, Rousseau pose une équation paradoxale. C'est l'excès de ses malheurs qui lui permet d'accéder à la sérénité ; le désespoir, pour se convertir en quiétude, doit être hyperbolique : « Un événement [...] m'a fait voir ma destinée fixée *à jamais sans retour* ici-bas. Dès lors, je me suis résigné *sans réserve* et j'ai retrouvé la paix. » Ce retournement, qui caractérise ce que Rousseau appelle son « étrange état », ou sa « situation si singulière », est mimé par des antithèses et des parallélismes : « En ne me laissant *rien* ils se sont *tout* ôtés eux-mêmes. » Cette opération abolit à la fois les persécuteurs (« les voilà donc étrangers, inconnus, *nuls* enfin) et la victime (« je suis *nul* désormais parmi les hommes »). L'isolement de Rousseau, que celui-ci présente comme le but poursuivi par les artisans du complot, devient synonyme d'indépendance et de liberté intérieure. Rousseau rejoint ainsi le sauvage solitaire et heureux (par ailleurs, comme lui, Rousseau, dans ses extases, se voudrait absorbé par les impressions sensorielles) du second Discours.

Ce renversement tient aussi en partie de la mystique chrétienne. Le renoncement de Rousseau à la société des hommes et aux biens matériels évoque l'ascèse de l'ermite ; Rousseau la considère par moments comme une étape préparatoire à la vie éternelle. Par ailleurs, cette indifférence au monde s'accompagne d'un détachement du corps (« Mon corps n'est plus pour moi qu'un embarras, qu'un obstacle » ; « rien qui tienne à l'intérêt de mon corps ne peut occuper vraiment mon âme »). C'est le désir de s'affranchir du corps qui suscite dans la sixième promenade l'identification à Gygès, roi légendaire en possession d'un anneau magique qui avait le pouvoir de le rendre invisible. La spiritualité de Rousseau a non seulement recours aux poncifs néo-platoniciens («C'est quand on commence à quitter sa dépouille qu'on en est le plus offusqué»; «mon âme [...] n'a plus assez de vigueur pour s'élancer hors de sa vieille enveloppe»), mais elle s'inspire également de la morale stoïcienne, qui, en prescrivant au sage l'indifférence pour tout ce qui ne dépend pas de sa volonté (ce que Rousseau appelle sa «destinée», ouvrage, selon lui, de ses persécuteurs), le fait accéder à l'ataraxie, état exempt de souffrance morale.

On peut enfin noter que Rousseau avait déjà, sur le mode romanesque, esquissé le même retournement salvateur. Émile, dans le roman épistolaire inachevé qui devait faire suite au traité d'éducation, réagit aux malheurs qui l'accablent en choisissant un exil volontaire, et la solitude; en acceptant sa destinée, il devient heureux, et, comme Rousseau après son accident dans la seconde promenade, il naît à une nouvelle vie : «Délivré de la quiétude et de l'espérance, et sûr de perdre peu à peu celle du désir, en voyant que le passé ne m'était plus rien, je tâchais de me mettre tout à fait dans l'état d'un homme qui commence à vivre» (*Émile et Sophie*, Lettre Première).

La tragédie du complot

Tant s'en faut cependant que la résignation à laquelle Rousseau affirme être parvenu dans la première promenade ait totalement tari la plainte de la victime du complot. Certes, Rousseau a renoncé à expliquer et à révéler au monde, pour le déjouer, la machination dont il se croit le jouet (comme dans les *Dialogues* ou dans le Livre X des *Confessions*). Mais le plupart des *Rêveries* reprennent les images obsédantes et le rythme de ce monologue désespéré que Jean Starobinski définit comme «la répétition monotone d'une conviction folle».

Ce qui caractérise le complot est d'abord son extension. Rousseau, pour désigner ses ennemis, a recours à la troisième personne du pluriel ou au pronom neutre; il s'agit de «toute la génération présente», d'un «accord unanime», «universel», d'une «ligue universelle». On peut signaler que Rousseau évite de désigner par leur nom ses principaux persécuteurs (Voltaire et ses anciens amis, Grimm, Diderot, Mme d'Épinay), de même qu'il passe sous silence le nom des amis qui lui sont restés fidèles (tel Bernardin de Saint-Pierre, ou le marquis de Girardin, chez qui s'installe en 1778, et achève les *Rêveries*) : Rousseau a ainsi procédé à une schématisation qui a pour effet de rendre l'ennemi plus abstrait, mais aussi plus mystérieux et plus insaisissable. Dans la huitième promenade, Rousseau assimile même ses ennemis à des machines («des êtres mécaniques qui n'agissaient par rapport à moi que par impulsion et dont je ne pouvais calculer l'action que par les lois du mouvement»). Les repères temporels ont eux aussi été simplifiés, ce qui tend à rendre la destinée de Rousseau plus exemplaire, plus clairement soumise à une fatalité mathématique : dans la première promenade par exemple, il situe tous les événements marquants de sa vie à des intervalles de dix ou quinze ans.

L'écriture, liée à la hantise du complot, privilégie les figures de la répétition. Les anaphores* scandent ce monologue (comme dans la huitième promenade, ponctuée par des questions rhétoriques qui ouvrent chaque paragraphe : «Comment en suis-je venu là ?»; «Comment vivre heureux et tranquille dans cet état affreux ?»; «Comment s'est fait ce passage ? »). La première personne du singulier («Moi qui me sentais digne d'amour et d'estime; moi qui me croyais honoré»), en tête de phrase, oppose inlassablement le vrai Jean-Jacques au simulacre que les artisans du complot veulent lui substituer («Je me vis travesti tout à coup en un monstre affreux»; «ils ne verront jamais à ma place que le J.-J. qu'ils sont faits»). Les images associées au complot sont indéfiniment reprises, d'une promenade à l'autre : celles du chaos (opposé à l'ordre naturel que le complot a renversé), des ténèbres (pour lesquelles Rousseau a souvent exprimé son horreur («J'ai toujours haï les ténèbres»; dans le Livre XI des *Confessions* : «Mon penchant naturel est d'avoir peur des ténèbres. Je redoute et je hais leur air noir»), de l'enlacement («Je n'ai fait [...] que m'enlacer davantage»; «les traîtres m'enlaçaient en silence»; «le complot dont j'étais enlacé») sont récurrentes. Le syntagme «horribles ténèbres», «ténèbres horribles», apparaît, comme un leitmotiv, dans la seconde, la troisième et la huitième promenade.

La tentation du martyre

Le caractère abstrait et incompréhensible que revêtent, aux yeux de Rousseau, les persécutions dont il est l'objet, l'assimilation de ses malheurs à la «nécessité», une fatalité naturelle, confèrent en définitive au complot et à sa victime une dimension religieuse. Si c'est Dieu qui a envoyé à Rousseau ses épreuves («Dieu est juste; il veut que je souffre; et il sait que je suis innocent»), celui-ci est à la fois élu et martyr («martyr d'une vaine erreur»), et il se trouve investi d'un destin. Rousseau, dans le

108

Préambule des *Confessions*, se montrait déjà au jour du jugement dernier, présentant son livre à Dieu. Quelques mois avant d'entreprendre la rédaction des *Rêveries du promeneur solitaire*, il interprète comme un signe de la Providence la fermeture des grilles de l'autel de Notre-Dame sur lequel il avait l'intention de déposer le manuscrit des *Dialogues*.

Ce dernier développement du complot universel, qui non seulement a requis la complicité de l'humanité entière, mais a pour instigateur Dieu lui-même, a une conséquence inattendue : elle magnifie la victime, et lui donne une dimension christique qui lui suggère une identification à Dieu lui-même. La rêverie suscitée par la légende de Gygès, dans la sixième promenade, participe de cette tentation, puisque Rousseau se complaît à s'imaginer comme un pur esprit réalisant des prodiges : «Ministre de la providence et dispensateur de ses lois selon mon pouvoir, j'aurais fait des miracles plus sages et plus utiles que ceux de la légende dorée et du tombeau de saint Médard.» Par ailleurs, la sérénité à laquelle aboutit le sage résigné, comme l'extase du rêveur, présentent selon Rousseau des similitudes avec la situation de Dieu («pauvre mortel infortuné, mais impassible comme Dieu même»; «on se suffit à soi-même comme Dieu»).

L'ÉCRITURE DU BONHEUR

La rêverie de la rêverie

De ces *Rêveries* qui sont plutôt des méditations morales et des monologues tissant indéfiniment la plainte de la victime du complot se distinguent les *Rêveries* proprement dites, entièrement ou en partie consacrées à l'écriture du bonheur. Rousseau les définit au début de la deuxième promenade : la rêverie écrite doit restituer le plus littéralement possible (elle est un «registre fidèle»; «l'informe journal») l'état qui est le sien au cours de ses promenades, quand il «laisse [sa] tête entièrement libre et [ses] idées suivre leur pente sans résistance et sans gêne». La relation entre la marche et l'essor de l'imagination, outre qu'elle est un thème cher à Montaigne a déjà été soulignée par Rousseau dans le Livre IV des *Confessions*, dans lequel il évoque les voyages à pied de sa jeunesse. Mais il notait alors une contradiction entre la rêverie et sa transcription par l'écriture, nécessairement infidèle et imparfaite. Dans les *Rêveries du promeneur solitaire*, il remarque à nouveau que le plaisir de la rêverie, lié à la jouissance de l'instant, refuse la médiation de l'écriture : «En voulant me rappeler tant de douces rêveries, au lieu de les décrire j'y retombais.» Pourtant, Rousseau confère dans cette œuvre à l'écriture un tout autre statut que dans le Livre IV des *Confessions*, et dans l'ensemble de son œuvre, en lui reconnaissant le pouvoir magique et incantatoire, non seulement de conserver le souvenir du bonheur perdu, mais de le ressusciter : «Je fixerai par l'écriture celles [les rêveries] qui pourront me venir encore; chaque fois que je les relirai m'en rendra la jouissance.» Un glissement entre la résurrection du bonheur (la rêverie) et celle du bonheur d'écrire (la rêverie de la rêverie) est d'ailleurs opéré : «Leur lecture me rappellera la douceur que je goûte à les écrire.» Rousseau justifie d'ailleurs cet infléchissement de sa théorie du mensonge de l'art (également perceptible, sous forme d'une méditation ambiguë, dans la quatrième promenade) en niant s'adresser à quelque autre destinataire que lui-même : ainsi l'écriture cesse-t-elle d'être médiation. Il allègue également son âge et l'affaiblissement de son imagination, qui l'autorise à avoir recours au substitut de l'écriture.

Le pouvoir incantatoire de «la rêverie de la rêverie» repose essentiellement sur le rythme d'une prose poétique, qui comme dans la cinquième promenade, par le jeu des isocolons (membres de phrases, dans une période, qui contiennent un nombre de syllabes identiques), des groupements binaires et ternaires, des anaphores* et des échos sonores, sait mimer le mouvement cadencé des vagues et l'engourdissement d'une conscience. Dans la seconde promenade, le réveil de Rousseau après l'évanouissement provoqué par sa chute, les cadences majeures (les phrases du paragraphe sont de plus en plus longues), les vers blancs, ponctuent l'émerveillement de cette nouvelle naissance : «Je ne savais ni où j'étais, ni qui j'étais [12 syllabes]; je ne sentais ni bien, ni mal, ni inquiétude [12 syllabes].»

«Les signes mémoratifs» : la botanique

L'expression «signes mémoratifs», employée par Rousseau dans son dictionnaire de musique pour désigner les notes, pourrait aussi s'appliquer aux végétaux qu'il cueille au cours de ses promenades, et qu'il collectionne dans un herbier. Copier des partitions de musique (moyen par lequel Rousseau, après sa réforme, gagne sa vie) et herboriser sont des activités qui présentent entre elles tant d'affinités qu'elles sont exclusives l'une de l'autre : «Assez livré à ma copie de musique pour n'avoir pas besoin d'autre occupation, j'avais abandonné cet amusement [l'herborisation] qui ne m'était plus nécessaire» (7e promenade).

En effet, comme les notes désignent des sons, et les mots des choses, les végétaux cueillis par Rousseau sont les «signes mémoratifs» de ses promenades. Dans la seconde rêverie, le «*cerastium aquaticum*», retrouvé par Rousseau dans un livre qu'il portait avec lui l'après-midi de son accident, est un témoin, un vestige de l'événement. Déjà, au début du Livre VI des *Confessions*, la pervenche cueillie trente ans après l'installation aux Charmettes faisait resurgir le souvenir ému de Mme de Warens. À la fin de la septième promenade, Rousseau, dans des termes presque identiques à ceux qu'il emploie pour définir «l'informe journal de ses rêveries» que sont les *Rêveries du promeneur solitaire*, évoque «le journal d'herborisation» que constitue son herbier : «Je ne verrai plus ces beaux paysages, ces forêts, ces lacs [...] : mais maintenant que je ne peux plus courir ces heureuses contrées, je n'ai plus qu'à ouvrir mon herbier et je m'y transporte. Les fragments des plantes que j'y ai cueillies suffisent pour me rappeler tout ce magnifique spectacle. »

Métaphore de l'écriture, l'herborisation est certainement de celle-ci une variante plus innocente et plus pure; nulle trace d'art, ni d'artifice, dans un herbier qui se contente de collecter (alors que le livre les transpose) des fragments du réel. Rousseau, occupé à herboriser à l'île Saint-Pierre, se garde bien de déballer ses livres de leurs caisses, et les répudie dans l'euphorie de l'écriture : «Au lieu de ces paperasses et de toute cette bouquinerie, j'emplissais ma chambre de fleurs et de foin ; car j'étais alors dans ma première ferveur de botanique» (5e Rêverie).

Mais la botanique est aussi une récréation thérapeutique, et une ascèse. Elle a tout d'abord le pouvoir d'anesthésier la souffrance de la victime du complot, en fixant son attention sur des détails, et l'aide à retrouver l'état de nature – ou l'enfance – en abolissant la pensée au profit des sensations («forcé de m'abstenir de penser, de peur de penser à mes malheurs malgré moi»). Elle lui permet ainsi de s'affranchir de son corps (c'est pourquoi Rousseau repousse avec dégoût toute utilisation médicinale de la botanique) et de s'abstraire de son moi individuel, limité et souffrant : «Je sens des extases, des ravissements inexprimables à me fondre pour ainsi dire dans le système des êtres, à m'identifier avec la nature entière.» Cette identification à la nature dans une extase (qui appartient, ainsi que le «ravissement», au vocabulaire religieux; Rousseau est le premier à employer ce mot dans un contexte profane) a tous les attributs de la contemplation mystique. Dans la troisième lettre à Malesherbes, ainsi que dans le Livre XII des *Confessions*, Rousseau signale d'ailleurs qu'une action de grâce muette, ou réduite à une exclamation («Ô grand être!»), ponctue souvent ses excursions champêtres. Cette fusion avec la nature, à laquelle la botanique, sorte d'exercice spirituel, aboutit, est un aspect des *Rêveries* qui explique leur faveur auprès des romantiques allemands, tel Hölderlin, qui voit en Rousseau un poète inspiré en communication, dans une sorte d'ivresse dionysiaque, avec les forces vitales de l'univers (*Hymne à Rousseau*).

Jouir de soi

L'«art de jouir» (Rousseau avait projeté un traité sur ce thème, qui est resté à l'état d'ébauche) est indissociable de la solitude superlative du promeneur, comme le rappelle le titre même de l'ouvrage. Ainsi la nature qui est le cadre des *Rêveries* doit-elle offrir de préférence au promeneur l'image d'une terre vierge, ignorante de la civilisation et des hommes tous associés au complot. Éden, Amérique d'avant la découverte (Rousseau, dans la septième promenade, se compare avec humour à Christophe Colomb; dans *Les Confessions*, il s'identifie à plusieurs reprises à Robinson Crusoé), cette nature n'est plus l'Arcadie* classique peuplée de bergers polis; elle annonce les paysages alpestres de Sénancour ou les sites grandioses de Chateaubriand : «De noirs sapins entremêlés de hêtres prodigieux dont plusieurs tombés en vieillesse et entrelacés les uns les autres fermaient ce réduit de barrières impénétrables, quelques intervalles que laissait cette sombre enceinte n'offraient au-delà que des roches coupées à pic et d'horribles précipices.»

L'«enceinte» d'arbres et de rochers remplace ici l'eau qui entoure l'île Saint-Pierre. Rousseau, qui se définit au début de la cinquième promenade comme un homme qui «aime à se circonscrire», associe la rêverie à une réclusion volontaire (il précise d'ailleurs à la fin de la cinquième promenade qu'il eût pu être heureux dans un cachot) dans le sein de la nature, refuge et «mère commune». L'extase bercée par le bruit et le mouvement des vagues, dans la cinquième promenade, indépendante de la réflexion, et même des sensations, se réduit, les mouvements de la conscience étant presque abolis, au pur sentiment d'exister : «De quoi jouit-on dans une pareille situation ? De rien d'extérieur à soi, de rien sinon de soi-même et de sa propre existence, tant que cet état dure on se suffit à soi-même comme Dieu.» Rousseau éprouve par ailleurs le besoin de justifier, par ses malheurs, ce bonheur solitaire incompatible avec la vie sociale et le déconseille à ses semblables : «Il ne serait même pas bon dans la présente constitution des choses, qu'avides de ces douces extases ils [les hommes] se dégoutassent de la vie active.»

Mais jouir de soi, dans les *Rêveries*, ne se limite pas à ce demi-sommeil de la conscience favorable à l'épanouissement du simple plaisir d'être, ou de renaître. C'est aussi pour Rousseau la complaisance (autorisée par la conviction de son innocence) envers des représentations mythiques de soi : dans la cinquième Promenade, avec une distance amusée qui n'exclut pas l'attendrissement, il devient «pilote des argonautes», ou, aux yeux des Bernois qui viennent lui rendre visite, chargé de fruits comme une nouvelle incarnation de Pomone*. C'est enfin dans la dixième et dernière Promenade, consacrée au souvenir des jours passés aux Charmettes auprès de Mme de Warens, que s'opère la transfiguration de Jean-Jacques, en une figure juvénile et charmante qui résume et accomplit toutes les aspirations de son être ; les «quatre ou cinq ans» passés aux Charmettes, invoqués et ressuscités par la magie de la parole commémorative («Aujourd'hui jour de Pâques fleuries il y a précisément cinquante ans de ma première connaissance avec Mme de Warens»), furent avant tout le cadre d'une apothéose de Jean-Jacques : «Il n'y a pas de jour où je ne me rappelle avec joie et attendrissement cet unique et court temps de ma vie où je fus moi sans mélange et sans obstacle, et où je puis dire avoir vécu.»

Conclusion

Refuser de ranger Rousseau sous l'étiquette vieillotte et simpliste de «préromantique» est désormais un lieu commun. En effet, outre la vision scolaire de l'histoire littéraire qu'elle suppose, elle implique une connaissance schématique du XVIIIe siècle : il serait naïf d'attribuer à la seule influence de Rousseau le renouveau du sentiment religieux, l'exaltation de la sensibilité, la transformation du paysage idéal, hier grec, aujourd'hui suisse, la conception différente du rôle de la femme, de la famille, et du statut de l'enfant.

Mais quelle a été vraiment l'influence de Rousseau au XIXe siècle ? On est surpris de voir qu'après le culte populaire et officiel qui lui est rendu pendant la Révolution française, les hommages, du moins en France, sont rares et ambigus, même si les éditions de ses œuvres se multiplient. On l'accuse surtout (mais son ennemi Voltaire est enveloppé dans le même anathème) d'avoir incarné l'esprit de la Révolution. Julien Sorel lit *Les Confessions* (comment ne pouvait-il pas se reconnaître dans l'amertume du plébéien qui se sent des talents et une personnalité d'exception ?), mais Chateaubriand et Balzac vitupèrent contre Rousseau. Le premier, après l'avoir admiré, lui reproche, entre autres, d'avoir mis à la mode la rêverie, qui pousserait les jeunes gens à l'inaction et au suicide : c'est avouer que René est un émule de Jean-Jacques autant que de Werther. Balzac voit en Rousseau le destructeur de l'ordre social et de la famille : pourtant, la bonne mère des *Mémoires de deux jeunes mariés*, Renée, doit tout à Julie. La ferveur des romantiques anglais (Byron et Shelley) et surtout allemands fut plus durable et plus juste. C'est peut-être à travers le culte qui lui est rendu en Allemagne que l'on peut mesurer l'audience de Rousseau au XIXe siècle. On reconnut en lui le prophète dont la parole recevait sa légitimité de l'isolement, de la souffrance et de la maladie. Il parut annoncer l'alliance mystique de l'homme et de la nature : Schiller vit en lui un Christ et Höderlin, Dionysos. C'est peut-être dans cette mesure – et si l'on n'oublie pas qu'elle est aussi imprégnée de la lecture de l'*Astrée* et de *Télémaque* – qu'on peut situer l'œuvre de Rousseau dans un mouvement qui aboutit au romantisme.

Groupements thématiques

AUTOBIOGRAPHIE

Textes

Confessions, Lettre à Christophe de Beaumont, Rêveries du Promeneur Solitaire.

Citations

«Je forme une entreprise qui n'eut jamais d'exemple et qui n'aura point d'imitateur. Je veux montrer à mes semblables un homme dans toute la vérité de la nature; et cet homme, ce sera moi. Moi seul. Je sens mon cœur et je connais les hommes.» (Préambule des *Confessions*)

«Je voudrais en quelque façon rendre mon âme transparente aux yeux du lecteur.» (*Confessions*, 4)

«Cette observation m'en a rappelé successivement des multitudes d'autres qui m'ont confirmé que les vrais et premiers motifs de la plupart de mes actions ne me sont pas aussi clairs à moi-même que je me l'étais longtemps figuré.» (*Sixième Promenade*)

«En me disant j'ai joui, je jouis encore.» (*L'Art de jouir*)

BONHEUR

Textes

Confessions : Livres 4, 6, 10, 12. *Émile* : Livres 2, 5. *Nouvelle Héloïse* : Ire partie, lettres 9, 11, 22, 32; IVe partie, lettres 11, 16; Ve partie, lettre 3; VIe partie, lettre 8. *Rêveries du Promeneur Solitaire* : cinquième et septième promenades.

Citations

«Le pays des chimères est en ce monde le seul digne d'être habité, et tel est le néant des choses humaines, qu'hors l'être existant en lui-même, il n'est rien de beau que ce qui n'est pas.» (*Nouvelle Héloïse*, 5e lettre, IIe partie)

«Il faut être heureux mon cher Émile; c'est la fin de tout être sensible...» (*Émile*, V)

«De quoi jouit-on dans une pareille situation? De rien d'extérieur à soi, de rien sinon de soi-même et de sa propre existence, tant que cet état dure on se suffit à soi-même comme Dieu.» (Cinquième promenade des *Rêveries du Promeneur Solitaire*)

ART ET NATURE

Textes

Discours sur les Sciences et les Arts. Nouvelle Héloïse: quatrième partie, lettre 11. *Émile*: Livre I.

Citations

«Avant que l'Art eut façonné nos manières et appris à nos passions à parler un langage apprêté, nos mœurs étaient rustiques mais naturelles.» (*Discours sur les Sciences et les Arts*)

«Il faut beaucoup d'art pour empêcher l'homme de devenir tout à fait artificiel.» (*Émile*, Livre 1)

Anthologie critique

LES CONTEMPORAINS DE ROUSSEAU

Voltaire

«J'ai reçu monsieur, votre nouveau livre contre le genre humain [...] il prend l'envie de marcher à quatre pattes quand on lit votre ouvrage [...]» (Sur le *Discours sur l'origine de l'inégalité*, lettre à Rousseau du 30 août 1755)

«On a pitié d'un fou; mais quand la démence devient fureur, on le lie. La tolérance qui est une vertu serait alors un vice.» (*Sentiments des citoyens*, 1764)

Grimm

«M. Rousseau est né avec tous les talents d'un sophiste. Des arguments spécieux, une foule de raisonnements captieux, de l'art et de l'artifice, joints à une éloquence mâle, simple et touchante, feront de lui un adversaire très redoutable pour tout ce qu'il attaquera : mais au milieu de l'enchantement et de la magie de son coloris, il ne vous persuadera pas, car il n'y a que la vérité qui persuade. On est toujours tenté de dire : cela est très beau et très faux.» (Sur la *Lettre à d'Alembert sur les spectacles*, Correspondance littéraire, 1er décembre 1758)

Dorat

«Ce sont les mémoires de sa vie que Rousseau nous a lus. Quel ouvrage! [...] Il y avoue ses bonnes qualités avec un orgueil bien noble, et ses défauts avec une franchise plus noble encore. Il nous a arraché des larmes par le tableau pathétique de ses malheurs et de ses faiblesses, de la confiance payée d'ingratitude, de tous les orages de son cœur sensible, tant de fois blessé par la main caressante de l'hypocrisie, surtout de ces passions si douces qu'elles plaisent encore à l'âme qu'elles rendent infortunée. J'ai pleuré de bon cœur.» (Lettre publiée dans *Le Journal de Paris* du 9 août 1778)

Mme de Boufflers

«Il me paraît que ce peut être celles [les confessions] d'un valet de basse-cour, au-dessous même de cet état, maussade, en tout point lunatique et vicieux de la manière la plus dégoûtante. Je ne reviens pas du culte que je lui ai rendu, car c'en était un.» (Lettre du 1er mai 1782)

Fréron fils

«C'est un incroyable tissu de puérilités, de sottises et d'extravagances, qui blessent parfois les bonnes mœurs [...] On ne conçoit pas comment le génie mâle et sublime de Jean-Jacques a pu s'abaisser jusqu'à parer les grâces de son style enchanteur de pareilles niaiseries et de contes aussi insipides.» (Sur *Les Confessions* : *L'Année littéraire de 1782*)

Madame de Staël

«Rousseau [dans le *Contrat social*] emprunte la méthode des géo-mètres, pour l'appliquer à l'enchaînement des idées; il soumet au calcul les problèmes politiques [...]. Il me semble qu'il se fait admirer également par la force de sa tête, soit par ses raisonnements, soit par la forme de ces raisonnements même.»

(À la veille de la Révolution française) «Et toi, Rousseau, grand homme si malheureux, qu'on ose à peine te regarder sur cette terre que tes larmes ont tant de fois arrosée! Que n'es-tu le témoin du spectacle imposant que va donner la France [...] Ah! quel bonheur pour toi, si ton éloquence se faisait entendre dans cette auguste assemblée.» (*Lettre sur les écrits et le caractère de J.-J. Rousseau*, 1788)

LES CRITIQUES MODERNES

«Dans la diversité de ton alléguée par Rousseau, deux "tonalités" parti-culièrement significatives nous frappent à la lecture des *Confessions* : le ton élégiaque et le ton picaresque. Le ton élégiaque [...] exprime le senti-ment du bonheur perdu : vivant dans le temps de l'affliction et des ténè-bres menaçantes, l'écrivain se réfugie dans le souvenir des jours heureux de sa jeunesse [...]. En revanche, dans la narration de type picaresque, c'est le passé qui est le «temps faible» : temps des faiblesses, de l'erreur, de l'errance, des humiliations et des expédients [...]. Il parlera de son passé avec ironie, condescendance, apitoiement, allégresse [...]. N'y devrait-on pas reconnaître (dans cette alternance), dans l'ordre de la vie narrée, l'équivalent d'un aspect important du "système" de Rousseau, une réplique de sa philosophie de l'histoire ? L'homme des origines, selon lui, possédait le bonheur et l'innocence : par rapport à cette félicité première, le présent est un temps de dégradation et de corruption. Mais l'homme des origines est aussi une "brute" [...] dont la raison est encore endormie : par rapport à cette obscurité initiale, le présent est le temps de la réflexion lucide et de la conscience élargie. Le passé peut être tour à tour objet de nostalgie et d'ironie; le présent est éprouvé tour à tour comme un état dégradé (moralement) et comme un état supérieur (intellectuellement). »

Jean Starobinski, « Le style de l'autobiographie »,
La Relation critique, p. 97-98.
Éd. Gallimard.

« Rousseau n'a pas inventé la période oratoire, qui vient des Grecs, mais l'a portée à un point de perfection unique en son temps. Par son sens de la scansion, il arrive à grouper dans une seule phrase, c'est-à-dire dans un seul mouvement de pensée, une énorme quantité de mots, donc d'images et d'idées qui, parce qu'elles se trouvent rassemblées dans un mouvement unique, dressent devant l'imagination le flux de l'histoire. »

Jean-Louis Lecercle, *J.-J. Rousseau, modernité d'un classique*,
Éd. Larousse, 1973.

« Mais le théâtre est travaillé par le mal profond de la représentation [...] Ce que Rousseau critique en dernière instance, ce n'est pas le contenu du spectacle, le sens par lui représenté, quoiqu'il le critique aussi : c'est la représentation elle-même. Tout comme dans l'ordre politique, la menace a la forme du représentant [...] L'immoralité s'attache donc au statut même du représentant. Le vice est sa pente naturelle. »

Jacques Derrida, *De la grammatologie*, Éd. de Minuit, 1967.

Recherches et exercices

COMMENTAIRE COMPOSÉ

La prosopopée de Fabricius
(extrait du *Discours sur les Sciences et les Arts*)

Les circonstances de la composition de ce discours, et en particulier de ce passage, ont été à plusieurs reprises relatées par Rousseau lui-même. La prosopopée de Fabricius, écrite sous le coup d'une inspiration subite, «au crayon sous un chêne», relève d'un paradoxe. Cette déclamation contre la rhétorique utilise toutes les ressources de la rhétorique, et de façon si magistrale qu'elle passa dès sa parution pour un modèle du genre.

L'étude du passage peut s'organiser en fonction de trois axes de lecture : **la fonction de la prosopopée** («figure de rhétorique consistant à mettre en scène, à faire parler des absents, des morts, des êtres surnaturels ou même des êtres inanimés», selon la définition de Fontanier dans *Les Figures du discours*), les procédés qui font de cette page un **morceau d'éloquence**, et enfin la **vision de l'histoire** qui se dégage de l'antithèse entre l'art et la nature.

La fonction de la prosopopée

L'apostrophe à Fabricius («Ô Fabricius!») ouvre ce passage. Le «Ô» vocatif, d'origine gréco-latine, confère au ton une certaine solennité et accentue la couleur romaine du Discours. Fabricius, personnage historique et légendaire dont Rousseau enfant a lu la vie dans les *Hommes illustres* de Plutarque, est une autorité morale («votre grande âme»; «nom respectable») : l'auteur lui délègue sa parole, afin de donner plus de poids à celle-ci. La figure de Fabricius est rendue encore plus imposante par le fait qu'il s'agit d'un personnage mort, ressuscité par l'invocation de Rousseau («rappelé à la vie»).

Après une apostrophe de Fabricius aux dieux («Dieux»), grâce à laquelle le discours se trouve placé sous deux autorités conjuguées, terrestre et divine, toutes les apostrophes du paragraphe s'adressent aux contemporains de Fabricius : «Insensés»; «Vous, les maîtres des nations»; «Romains»; «Ô Citoyens». Le nombre et la virulence de ces prises à partie, qui scandent l'ensemble de cette page, indiquent que, par le biais d'un discours adressé par Fabricius aux Romains de la Rome impériale, Rousseau entend exhorter ses contemporains.

La prosopopée, visant à installer le passé dans le présent, a recours au style direct (il s'agit d'un «dialogisme», «figure de rhétorique consistant à rapporter [...] directement les discours que l'on prête à ses personnages», *Les Figures du discours*, de Fontanier) et aux déictiques : les démonstratifs servent à désigner un objet, et donc à le rendre présent (dans les six premières lignes on relève huit occurrences du démonstratif).

Enfin, on notera que l'autorité de Fabricius est relayée, à la fin du paragraphe, par celle de Cynéas, autre figure historique et mythique, cette fois convoquée par Fabricius. On assiste à une sorte de redoublement de la prosopopée, grâce auquel la parole de Rousseau acquiert toujours plus de prestige et de force.

Un morceau d'éloquence

La prosopopée est marquée par une gradation dans l'émotion et dans la chaleur de l'éloquence. Dans les premières lignes, l'anaphore qui esquisse un mouvement ternaire («quelle splendeur»; «quel est»; «quelles sont»), l'isocolon (phrases ou membres de phrase d'égale longueur : «quel/est/ce/lan/ga/g(e)-é/tran/ger/» huit syllabes; «quelles/sont /ces/mœurs/ef/fé/mi/nées/», huit syllabes), confèrent au début du passage une régularité et une lenteur qui conviennent au ton solennel et majestueux de Fabricius. Les démonstratifs possèdent en outre, ici, comme les démonstratifs latins *iste* et *ille*, une valeur emphatique, laudative ou péjorative («cette Rome», valeur laudative; «ce langage», «ces mœurs», valeur péjorative). Ils accentuent la grandiloquence du ton.

On note un crescendo souligné par la ponctuation expressive : aux cinq interrogations rhétoriques succèdent quatre exclamations, ce qui traduit le passage de l'étonnement douloureux à l'indignation. Celle-ci aboutit à un paroxysme, qui se marque par l'accélération du rythme, la cadence majeure («bri/sez/ces/marbr(es)» : quatre syllabes; «brû/lez /ces/ta/ bleaux» : cinq syllabes; «chas/sez/ces/es/clav(es)/qui/sub/ jugu(ent)» : huit syllabes), les impératifs («hâtez-vous», «brisez», «brûlez»), l'allitération en B et en R («brisez ces marbres, brûlez»). Le rythme haletant, pré-

121

cipité, exprime une fureur de destruction («renverser», «brûler», «briser», «chasser») qui marque un point culminant dans le discours, une acmée.

Dans la fin du texte, les répétitions («spectacle», «vit», «assemblée»), la longueur des phrases, la lenteur du rythme, la question rhétorique marquent un apaisement, un retour à la solennité initiale.

L'antithèse entre l'art et la nature

Le paragraphe s'organise autour d'un renversement. Au spectacle du vice succède celui de la vertu. Dans le premier mouvement, l'antithèse entre la corruption présente et les valeurs du passé est omniprésente : «splendeur... simplicité»; «maîtres des nations ... esclaves». Ces oppositions aboutissent à l'oxymore qui les résume : «ces esclaves qui vous subjuguent».

Le champs lexical de la corruption, indissociablement lié, pour Rousseau, à celui de la tromperie («l'étude», «arts», au sens d'artifice, «recherché», «charme» au sens de séduction maléfique), du luxe et du superflu («pompe», «élégance», «vains», «futile», «frivole»), de la rhétorique et des productions artistiques («statues», «tableaux», «édifices», «architectes», «peintres», «statuaires», «histrions», «joueur de flûte», «marbres», «tableaux», «rhéteurs», «éloquence»...), s'oppose à celui de la «vertu», qui recouvre à la fois l'intégrité morale, et les qualités du *vir*, c'est-à-dire le courage et l'ardeur au combat. Les Romains corrompus ont d'ailleurs des «mœurs efféminées». L'idéal moral ici exprimé est à la fois pastoral («ces toits de chaume et ces foyers rustiques») et guerrier : les mots «conquêtes», «vaincus», «maîtres des nations», «arroser de vôtre sang», «conquérir le monde», «commander à Rome et gouverner la terre», annoncent les mots d'ordre républicains et patriotiques en partie développés dans le *Contrat social*, et utilisés par la rhétorique révolutionnaire.

Enfin, la reprise des mots clefs de la première partie du paragraphe dans la deuxième partie souligne la structure antithétique du passage : «conquête», «conquérir» ; «hommes frivoles», «éloquence frivole» ; «illustrée», «illustrent»; «face pompeuse», «pompe» ; «splendeur funeste», «funestes arts».

Conclusion

En conclusion, on pourrait insister sur trois points :

– **La couleur romaine du passage :** l'exemplarité du modèle antique, au XVIIIe siècle, est communément admise. Lorsque l'on veut réfléchir sur l'Histoire, on procède à partir d'exemples fournis par l'histoire grecque ou romaine (comme le fait Montesquieu, en 1734, avec *Considérations sur les causes de la grandeur des Romains et de leur décadence*). Mais ici, la véhémence du ton renouvelle les poncifs antiques et prépare l'iconographie révolutionnaire.

– **L'éloquence :** Rousseau en jetant l'anathème sur la rhétorique utilise tous les procédés traditionnels de la rhétorique. Ce paradoxe ne se résout qu'à la lumière des conditions de la composition de la prosopopée de Fabricius, rédigée d'un seul jet, sous l'effet d'une inspiration subite. Ainsi l'éloquence n'est pas artifice oratoire mais énergie d'une parole passionnée. La chaleur du ton garantit la sincérité de l'auteur, qui affirme : «Une vive persuasion m'a toujours tenu lieu d'éloquence, et j'ai toujours écrit lâchement et mal quand je n'ai pas été fortement persuadé.» L'emphase du *Discours* prépare par ailleurs l'éloquence révolutionnaire.

– **La vision de l'histoire :** Rousseau met ici l'accent sur les causes morales qui sont à l'origine des changements historiques. L'idée d'une décadence à partir d'un âge d'or perdu est le point de départ de la réflexion de Rousseau sur l'Histoire, et ébauche l'argumentation du second discours (*Discours sur l'origine de l'inégalité*).

Lexique

ANNEXES

Abélard : philosophe et théologien français (1079-1142) ; amant de son élève Héloïse.

Abyme (mise en) : représentation, dans l'œuvre, d'une image de l'œuvre.

Althusser Louis : philosophe français marxiste (1918-1990).

Amour courtois : conception de l'amour, qui se développe au XIIe siècle : le chevalier, entièrement dévoué à sa dame, accomplit pour elle des prouesses.

Anaphore : répétition du même mot en tête de phrase ou de membre de phrase.

Aporie : difficulté d'ordre rationnel paraissant sans issue.

Aposiopèse : interruption brusque traduisant une émotion, une hésitation, une menace.

Arcadie : voir **pastorale**.

Astrée : titre et héroïne du roman (1607-1619) d'Honoré d'Urfé (1567-1625), principal roman pastoral français.

Bodin : historien et philosophe français (1530-1596), théoricien de la monarchie absolue.

Élégie : poème lyrique exprimant des sentiments mélancoliques.

Fénelon : Évêque de Cambrai (1651-1715), auteur d'un *Traité d'Éducation des Filles* et du *Télémaque* (1699).

Gessner : poète suisse (1730-1788), chantre d'une campagne idéalisée. Il eut au XVIIIe siècle un succès considérable, lié au renouveau de la pastorale.

Grotius : juriste hollandais (1583-1645), théoricien du droit naturel.

Hobbes : philosophe anglais (1568-1679). Estimant que l'état de nature est un état de guerre, il associe la notion de contrat social à une théorie du pouvoir absolu.

Idylle : 1. Petite pièce à sujet pastoral. 2. Aventure sentimentale.

Incipit : début d'une œuvre.

Intertextualité : discours utilisant des textes et des discours qui l'ont précédé : ceux-ci constituent l'intertextualité du texte.

Le Tasse : poète italien (1544-1595). Mort fou, il devint au XIXe siècle une incarnation du mythe du génie persécuté.

Lévi-Strauss (Claude) : philosophe et ethnologue français, fondateur du structuralisme, né en 1908.

Locke (John) : philosophe anglais (1632-1704) qui pose les fondements de l'empirisme.

Locus amœnus : voir **pastorale**.

Lycurgue : orateur mythique de Sparte (9e siècle av. J.-C. ?).

Ovide : poète romain (43-18). Ses *Métamorphoses* furent une source d'inspiration pour la poésie baroque.

Pastorale : genre littéraire existant depuis l'Antiquité, et particulièrement à la mode au XVIe et au XVIIe siècle. Y est représentée de façon convention-nelle la vie de bergers raffinés, dans une contrée paradisiaque (appelée *locus amœnus*, endroit charmant) où règne un printemps éternel, généralement située en Arcadie, qui est une région de la Grèce.

Pathos : 1. Partie de la rhétorique qui traitait des moyens propres à émouvoir un auditeur. 2. Pathétique déplacé dans un discours, un écrit.

Pétrarque : poète italien (1304-1374), qui influença considérablement la poésie amoureuse de la Renaissance.

Physiocrate : partisan d'une théorie économique qui, au XVIIIe siècle fonde la prospérité économique sur l'agriculture et le libre jeu des échanges.

Picaresque (roman) : se développe en Espagne du XVe au XVIIe siècle ; il décrit, sous la forme d'une autobiographie fictive, les aventures et les voyages d'un *picaro* (en espagnol, vaurien, aventurier).

Plutarque : historien romain (vers 46-125).

Pomone : nymphe protectrice des fruits ; dans la religion romaine, elle incarne la fécondité.

Providentialisme : croyance au sage gouvernement de Dieu sur la créa-tion.

Pufendorf (Samuel) : philosophe et juriste allemand (1632-1694) pour lequel le contrat social est la base rationnelle de l'état.

Richardson (Samuel) : romancier anglais (1689-1761), auteur de *Paméla*, *Clarisse Harlowe* , qui influença Rousseau et ses contemporains.

Sensualisme : doctrine selon laquelle toutes nos connaissances viennent de nos sensations.

Stoïcisme : doctrine antique selon laquelle le bonheur réside dans l'indif-férence à l'égard de tout ce qui affecte la sensibilité.

Téléologie : étude de la finalité.

Utopie : description d'un pays ou d'un plan de gouvernement imagi-naires, modèle d'un régime politique idéal.

Bibliographie

Éditions critiques

Œuvres complètes de Jean-Jacques Rousseau, sous la direction de Bernard Gagnebin et Marcel Raymond, Bibliothèque de la Pléiade, Gallimard 1959.

Lettre à d'Alembert sur les spectacles, Genève, Droz, 1948.

Essai sur l'origine des langues, Bordeaux, Ducros, 1968.

Sur la vie de Rousseau

GUÉHENNO Jean, *Jean-Jacques, histoire d'une conscience*, Paris, 1962.

Sur l'œuvre de Rousseau

ALTHUSSER Louis, «Sur *Le Contrat social*», dans *Cahiers pour l'Analyse*, n° 8, 1967.

BURGELIN Pierre, *La Philosophie de l'existence de Jean-Jacques Rousseau*, Vrin, 1973.

CASSIRER Ernst, *Le Problème Jean-Jacques Rousseau*, Hachette, 1987.

DERATHÉ Robert, *J.-J. Rousseau et la science politique de son temps*, 1970.

DERRIDA Jacques, *De la grammatologie*, éd de Minuit, 1967.

FLEURET Colette, *Rousseau et Montaigne*, Nizet, 1980.

GOULEMOT Jean-Marie, *Les Confessions, une autobiographie d'écrivain*, *Littérature* n° 33, février 1979.

GRŒTHUYSSEN Bernard, *Jean-Jacques Rousseau*, 1949.

LECERCLE Jean-Louis, *Jean-Jacques Rousseau, modernité d'un classique*, Larousse Université, 1973 ; *Rousseau et l'art du roman*, 1969.

LEJEUNE Philippe, *Le Pacte autobiographique*, Le Seuil, 1975.

MAY Georges, *Rousseau par lui-même*, Écrivains de toujours, Le Seuil, 1964.

RAYMOND Marcel, *La Quête de soi et la Rêverie*, José Corti, 1962.

S<small>TAROBINSKI</small> Jean, *Jean-Jacques Rousseau, la transparence et l'obstacle*, Gallimard, 1971 ; *Le Remède dans le mal. Critique et légitimation de l'artifice à l'âge des Lumières*, Essais Gallimard, 1989 (p 165-232).

T<small>ODOROV</small> Tzvétan, *Frêle Bonheur : essai sur Rousseau*, Hachette, 1985.

Pensée de Rousseau, Point-Seuil, 1984. (Ouvrage collectif sous la direction de Gérard Genette et Tzvétan Todorov.)

Sur la fortune de l'œuvre

Annales Jean-Jacques Rousseau, 1969-1971, tome 38, p 105 : «L'étrange accueil fait aux *Confessions* de Rousseau au XVIIIe siècle.»

T<small>ROUSSON</small> Raymond, *Rousseau et sa fortune littéraire*, Nizet, 1977.

TABLE DES MATIÈRES

Crédits photographiques : Nathan : 12 / Bulloz : 2, 4.

Aubin Imprimeur
LIGUGÉ, POITIERS

Achevé d'imprimer en février 1994
N° d'édition 10020287-(II)-7-(OSB 80°)
N° d'impression L 44756
Dépôt légal février 1994
Imprimé en France